Karl-Heinz Hanusch
Sonja Klug

Ayurveda

Indische Heilweisen für Europäer

videel

Dieses Wissen vom Leben hat ewigen Bestand
und bringt Gewinn, Glückseligkeit,
ein langes Leben, ausreichenden Lebensunterhalt
und schließlich den Himmel.
Sushruta

ISBN 3-935111-53-3

http://www.videel.de

Gesamtherstellung: videel, Niebüll

Umschlaggestaltung: Frank Davidsen, Leck
Seitenlayout: Broder Clausen, Niebüll

Inhaltsverzeichnis

Danksagung

Als besonders für den Abschnitt »Die Heilpflanzentherapie« verantwortlich Zeichnender möchte ich mich ausdrücklich bei allen meinen Freunden und Gastgebern in Poona, Indien, bedanken. Sie haben mich über Jahre bei meinen Forschungen der Übertragbarkeit von Ayurveda-Heilweisen auf Europäer sowie bei meiner Lehrtätigkeit über Erkenntnisse der Homöopathie und Akupunktur unterstützt. Daher gilt mein besonderer Dank Mrs. Dr. med. Meera Paranjape und deren Ehemann Prof. Dr. med. Madhukar H. Paranjape.

Gerade durch seine Aktivitäten sind mir bei meinen Forschungsreisen Geheimnisse in der Medizin im Ursprungsland eröffnet worden, die ich ohne seine Unterstützung nicht selbst hätte erschließen können.

Dies ist um so beachtlicher, da Prof. Dr. med. M. H. Paranjape von seinem Vater zusätzlich zu seiner leitenden Position am Ashtang Ayurveda College noch die Verantwortung und Betreuung von Hospitälern für sozial Schwache übernommen hat.

Aber auch seine liebe Frau als eine der wenigen zugelassenen Ärztinnen für Gynäkologie mit ihrem kleinen Privathospital für Frauenleiden und Geburtshilfe ist mir besonders durch Arzneimittelempfehlungen hilfreich gewesen. Ihre wertvollen Hinweise sind sowohl bei den Anwendungsempfehlungen als auch bei den Dosierungsangaben mit enthalten.

Auch möchte ich nicht versäumen, mich bei meiner lieben Ehefrau Dagmar, die mich ins Landesinnere begleitete, zu bedanken; denn der Besuch von Hospitälern, z. B. mit Lebraerkrankten, hat ihre früheren Vorstellungen von Indien (als Oberstudienrätin für Geographie und Deutsch) wesentlich korrigiert.

Ferner danke ich der Mitautorin Dr. phil. Sonja Klug, ohne deren maßgebliche Hilfe die Herausgabe des Buches nicht möglich gewesen wäre.

Durch tiefere Einblicke in die Univertsitätsstudiengänge (Greifswald und Frankfurt/M.) Humanmedizin, (Religions-) Philosophie, Psychologie, Indologie und Jura (Mainz) sowie durch ständigen Austausch und Mitwirkung im Dozentenkollegium der Wormser Akademie für Medizin und reformierte Heilweisen e.V. werde ich in meiner Auffassung der ganzheitmedizinischen Sicht bestärkt.

Wiesbaden, im Februar 2001

Karl-Heinz Hanusch

Karl-Heinz Hanusch

Heilpraktiker und Gesundheitsökonom (ebs)

Dozent der Wormser Akademie für Medizin
und reformierte Heilweisen e. V.

Ayurveda
und die
abendländische Schulmedizin

Kein Zweifel: Die Unzufriedenheit mit der modernen Medizin wächst. Während sie einerseits Großes vollbracht hat - insbesondere durch die Entwicklung der technischen Möglichkeiten bei der Bekämpfung von Krankheiten und ein bedeutendes Spektrum an Medikamenten -, ist es doch andererseits so, daß die Zahl der Krankheiten und der Kranken keineswegs abgenommen hat. Im Gegenteil: Bedingt durch wachsende Umweltbelastungen und Streß aller Art nehmen die Krankheiten noch zu.

Das Gesundheitswesen scheint in der Bewältigung dieser Probleme völlig überfordert, was sich unter anderem an den steigenden Kosten zeigt. Inzwischen wurde sogar nachgewiesen, daß die Zahl der Kranken proportional zur Zahl der Ärzte in einer Region wächst. Die Politiker stehen den Problemen offenbar hilflos gegenüber, denn jeder Bürger hat inzwischen mitbekommen, daß Kostendämpfungen, Erhöhungen der Krankenkassenbeiträge und ähnliche Maßnahmen nur kurzfristig greifen, während die Probleme langfristig ungelöst bleiben. Kaum, daß an einer Ecke des Systems das »Feuer gelöscht« ist, so fängt es schon an einer anderen Stelle wieder an zu brennen. Das moderne Gesundheitswesen in den Industrieländern gebärdet sich mittlerweile wie die vielköpfige Hydra, ein Schlangenungeheuer in der griechischen Mythologie: Sobald ihr ein Kopf abgeschlagen wird, wachsen zwei neue nach.

Trotz der hohen Kosten, die die Patienten tragen müssen, haben viele den Eindruck, daß ihre medizinische Behandlung keineswegs zufriedenstellend ist. Nicht nur, daß die Arzneien, die verschrieben werden, Nebenwirkungen hervorrufen, die oft in keinem Verhältnis zur Krankheit stehen, sondern vor allem spüren die Patienten auch, daß die medikamentösen Wirkungen nur von kurzfristigem Erfolg sind, während die Krankheiten als solche unbehandelt bleiben. Aufgrund dessen fühlen sich viele Patienten nicht mehr ernst genommen: Nach stundenlangem Warten in überfüllten Wartezimmern in einer Massenabfertigung im Schnellverfahren mit ein paar eilends verschriebenen Medikamenten abgespeist, merken sie, daß nur an ihnen »herumgedoktert« wird, während sich niemand um die wahren Ursachen ihrer Krankheiten, nämlich die seelischen Belange, kümmert.

Aus diesen Gründen ist der Ruf nach mehr »Ganzheitlichkeit« in der Medizin laut geworden. Die Patienten und viele Ärzte wünschen sich ein System, das die menschliche Seele genauso berücksichtigt wie den Körper und das den Menschen nicht wie eine Maschine oder - im Hinblick auf einige Praktiken der Organspende - wie ein wandelndes Ersatzteillager behandelt, in dem man ganz nach Belieben Teile austauschen und durch andere ersetzen kann. Ein ideales Gesundheitssystem sollte sich zwar des umfangreichen Wissens über den Körper und die Wirkungsweise von Medikamenten bedienen, aber auch den Menschen sehen und die »Sinnkrise«, die letztlich hinter jeder Krankheit steckt, bewältigen können.

Hier könnte der Ayurveda Abhilfe schaffen. Ayurveda ist das älteste überlieferte Naturheilsystem der Welt und stammt aus Indien. Das Wort *»Ayurveda«* kommt aus der altindischen Sprache Sanskrit und setzt sich zusammen aus den Wörtern »Ayus«, was »Leben« bedeutet, und *»Veda«,* was so viel wie »Wissen« heißt. Ayurveda ist also das »Wissen vom Leben« oder besser gesagt: die »Kunde vom langen Leben«.

Der Ayurveda zeichnet sich dadurch aus, daß er Körper, Seele und Geist des Menschen gleichermaßen in den Heilungsprozeß mit einbezieht. Auch eine intensive Mitarbeit des Patienten ist für seine Gesundung unerläßlich. Es gibt in den deutschsprachigen Ländern bereits eine Reihe von Ärzten, die auf der Grundlage des Ayurveda behandeln, und ebenfalls mehrere Gesundheitszentren, in denen man sich einer ganzheitlichen Behandlung, die ebenfalls auf Ayurveda basiert, unterziehen kann.

Dennoch geht es den hierzulande Praktizierenden nicht darum, mit dem Ayurveda eine Konkurrenz zur abendländischen Medizin aufzubauen. Vielmehr soll dieses Naturheilsystem eine sinnvolle Ergänzung zur Schulmedizin darstellen. Langfristig wäre etwa eine Arbeitsteilung zwischen beiden Richtungen denkbar.

So ist die traditionelle Schulmedizin dort überlegen, wo es um Schnelligkeit in der Behandlung geht, also zum Beispiel in der Unfallmedizin, der Ayurveda hingegen dort, wo eine gründliche und langfristige Behandlung gefragt ist, also zum Beispiel bei chronischen, langwierigen Erkrankungen.

Dieses Buch hat sich zum Ziel gesetzt, den interessierten Lesern - Patienten wie Ärzten gleichermaßen - eine grundlegende und allgemeinverständliche Einführung in den Ayurveda zu geben. Das Buch setzt keinerlei Grundkenntnisse voraus - weder ayurvedische noch medizinische.

Eines könnte allerdings für den Leser auf den ersten Blick schwierig erscheinen: Da Ayurveda jahrtausendealt ist und auch die noch heute maßgeblichen Werke dementsprechend in Sanskrit verfaßt sind, ergibt es sich zwangsläufig, daß die Grundbegriffe des Ayurveda aus dem Sanskrit stammen. Leider ist es selbst in einer Einführung unmöglich, auf diese Begriffe zu verzichten, denn ihre wörtliche Übersetzung ins Deutsche ist oft mißverständlich:

Die entsprechenden deutschen Begriffe werden in der Alltagssprache häufig ganz anders gebraucht als im Ayurveda. So würde die Verwendung ausschließlich deutscher Begriffe das ayurvedische Verständnis eher verdunkeln als erklären.

Zur Erleichterung haben wir aber für den Leser eine Reihe von Hilfen eingebaut: Jedem Begriff wird eine Erklärung der Aussprache beigefügt, sofern diese stark vom Deutschen abweicht. Zudem wird jedes Sanskritwort ausführlich in all seinen Bedeutungen erklärt und, wo dies sinnvoll und vertretbar erscheint, in Klammern mit einer wörtlichen Übersetzung versehen. Ein Glossar am Ende des Buches enthält sämtliche in den Kapiteln verwendete Sanskritbegriffe, so daß der Leser jederzeit nachschlagen kann, wenn ihm im Laufe der Lektüre die Bedeutung einzelner Wörter entfallen ist.

Das Buch ist folgendermaßen aufgebaut: Zunächst befassen wir uns mit dem Ursprung und der geschichtlichen Entwicklung des Ayurveda. Dies ist zwar für das Verständnis der medizinischen Seite nicht unbedingt erforderlich, aber es dürfte doch von allgemeinem Interesse sein, zu erfahren, woher der Ayurveda überhaupt stammt. Im folgenden Kapitel steht die Denkweise der altindischen Medizin im Vordergrund. Sie ist grundlegend, um den im Ayurveda zentralen Zusammenhang zwischen Geist, Seele und Körper zu verstehen. Das dritte Kapitel gibt einen Überblick über einige, von der abendländischen Schulmedizin stark abweichende Konzepte der Anatomie beziehungsweise des Körperaufbaus. Dies dürfte insbesondere für Mediziner von besonderem Interesse sein.

Herzstück des Ayurveda ist die sogenannte *Tridosha*-Lehre von den verschiedenen Konstitutionstypen und Bestandteilen des menschlichen Körpers, die im Kapitel »Der menschliche Organismus und seine Beziehung zur Umwelt« behandelt wird. Eiligen Lesern, die nur einen Kurzüberblick über die ayurvedische Lehre möchten, sei dieses zentrale Kapitel besonders empfohlen.

Die drei folgenden Kapitel befassen sich mit der Diagnose und Therapie von Krankheiten. Im Mittelpunkt steht hier die sogenannte *»Pancakarma«*-Therapie, die auch in deutschen Ayurveda-Gesundheitszentren durchgeführt wird. Das letzte Kapitel soll schließlich dem Leser Anregungen vermitteln, was er persönlich und zum Teil auch unabhängig vom medizinischen System nach ayurvedischem Verständnis für seine Gesundheit tun kann.

Am Ende des Buches werden eine Reihe von weiterführenden Literaturhinweisen für diejenigen gegeben, die sich mit dem Ayurveda oder verwandten Themen intensiver beschäftigen möchten. Um eine bessere Orientierung in der Buchlandschaft zu ermöglichen, ist die Literaturauswahl kommentiert. Es finden sich ebenfalls mehrere Adressen für solche Leser, die mit der ayurvedischen »Szene« Kontakt aufnehmen und sich zum Beispiel ayurvedisch behandeln lassen möchten.

Die Geschichte des Ayurveda

Entstehung und Verbreitung der altindischen Medizin

Um den Ursprung des Ayurveda ranken sich eine Reihe von Mythen, so daß niemand den genauen Zeitpunkt seiner Entstehung kennt. Einige behaupten, der Ayurveda sei um 5000 v. Chr. entstanden, andere meinen um 3000 v. Chr. Die ersten Texte, in denen nachweislich Heilkundliches erwähnt wird, sind nach einer einigermaßen zuverlässigen Datierung zwischen 2000 und 1500 v. Chr. entstanden. Berücksichtigt man, daß vor der schriftlichen Niederlegung höchstwahrscheinlich bereits eine lange Tradition mündlicher Überlieferung bestanden hat, so kann man mit Sicherheit sagen: Ayurveda ist die älteste medizinische Lehre der Welt; sie überragt zum Beispiel auch die chinesische und die abendländische Medizin bei weitem an Alter.

Nach indischem Glauben wurde die Lebenskunde sowohl mit ihren medizinischen als auch mit ihren philosophischen, religiösen und anderen Gesichtspunkten den Menschen von den Göttern übergeben. Dabei ist der Ausgangspunkt des Ayurveda *Brahman* (sprich: »brachman«). Dieser Begriff ist nur schwer übersetz*bar: Brahman* bedeutet in etwa »göttliche Kraft«, auch »höchste«, »transzendente« beziehungsweise »übersinnliche« oder »kosmische Kraft«, ebenso »heiliges Wort« oder »Gottheit«. Letztlich ist damit die Ursubstanz allen Seins gemeint.

Nach mythologischem Glauben übergab *Brahman* den Ayurveda an *Prajapati* (sprich: »pra-dja-pati«), den »Herrn der Geschöpfe«. Auch er ist nur schwer vorstell- oder erklärbar. *Prajapati* ist die Personifizierung der Lebenskraft; er hat die Welt aus sich entlassen beziehungsweise geschaffen und gab den Ayurveda an die *Ashvin-Kumaris* (sprich: »aschwin«), die Zwillinge, weiter. *Ashva* bedeutet »Roß«, und die beiden sind ein auf himmlischen Rossen reitendes Brüderpaar, eine Art Nothelfer oder Ärzte der Götter. Die *Ashvitis* gaben den Ayurveda an *Indra,* einen Götterkönig, weiter, und an dieser Stelle gabelt sich der Mythos in verschiedene Richtungen.

Nach der einen Version war *Dhanvantari (sprich:* »danwantari«) der nächste Mittler des Ayurveda. Er war ein Arzt der Götter, der es verstand, die Lebenskraft zu verstärken, zu erhalten und das Leben zu verlängern; auch Krankheiten und Dämone konnte er *bändigen. Dhanvantari* wird verschieden übersetzt: Nach Meinung einiger Forscher war er der »Meister der Chirurgie« *(Dhanu* = Chirurgie und *antari* = meistern), nach Meinung anderer der »Herr des inneren *Bogens« (dhanvi-tari* = im Bogen fahrend, auf der Sonnenbahn). Mit *Dhanvantari* ist folgende Legende verknüpft: Zum Zeitpunkt des Krieges der Götter mit den Dämonen befanden sich die Götter in einer mißlieben und bedrohlichen Lage, weil sie kraftlos und schwach geworden waren. Da entstieg der Arzt des Götterhimmels dem Weltmeer und brachte den Göttern den Trank der Unsterblichkeit, wodurch der Krieg mit den Dämonen zugunsten der Götter entschieden wurde.

Dhanvantari nahm als *Divodasa* (sprich: »diwodasa«), »Diener« oder »Dämon des Himmels«, eine menschliche Gestalt in Form des Königs von Benaresh an. Er war ein Heiliger, der als Einsiedler, umgeben von vielen Weisen, lebte. Eines Tages kamen sechs Schüler zu ihm, um das medizinische Wissen von ihm zu erwerben. Nach modernem Verständnis waren die Schüler Ärzte, die bei *Divodasa* einen »Fortbildungslehrgang« besuchen wollten. Dies begründeten sie folgendermaßen: »Es tut uns weh zu sehen, wie freundliche Menschen, die von ihren Verwandten und Bekannten geschätzt werden, plötzlich durch Krankheiten befallen werden und vor Schmerzen schreien wie lieblos verlassene Kreaturen. Wir bitten dich, zeige unserem Verstand, was wir tun können, um diese Leiden zu lindern.« (zitiert nach Lobo, »Traum und Karma im Ayurveda«, S. 19f.). Der König entsprach ihrer Bitte und lehrte sie die Wahrheiten des Ayurveda.

Unter den sechs Schülern war *Sushruta* (sprich: »susch-ruta«) der begabteste. *»Sushruta«* bedeutet: »Er hat es gut gehört«, was wohl sagen will, daß er ein aufmerksamer Schüler war. *Sushruta* schrieb den *Sushruta-Samhita,* eine zusammenfassende Darstellung des Ayurveda. *»Samhita«* heißt so viel wie »Sammlung«, »Sammelwerk« oder, modern übersetzt, »Enzyklopädie«. Mit *Sushruta* nimmt der Mythos zum ersten Mal historische Züge an. Es ist zwar nicht ganz sicher, ob es ihn als Person tatsächlich gegeben hat oder ob *»Sushruta«* in der Bedeutung »der Berühmte« nicht lediglich ein Beiname *Divodasas oder Indras* ist. Aber *der Sushruta-Samhita* ist eines der drei wirklich existierenden großen Werke des Ayurveda. (Das obige Zitat wie auch das Motto dieses Buches entstammen diesem Werk.)

Die zweite mythologische Version scheint in mancher Hinsicht der realen Geschichte Indiens näher zu stehen. Nach ihr geht es im Anschluß an die Übermittlung des ayurvedischen Wissens an den Götterkönig Indra folgendermaßen weiter: Von einem bestimmten Zeitpunkt an entstanden in Indien kleinere und später auch größere Städte, während die Menschen zuvor nur an Flußufern, in Wäldern und an Berghängen gewohnt hatten. In den Städten bildete sich das heraus, was wir heutzutage als »Zivilisationskrankheiten« bezeichnen: Die Menschen lebten nicht mehr so lange wie auf dem Lande und hatten mit einer Reihe neuer, unbekannter Krankheiten zu kämpfen. Als selbst die Wei*sen (Rishis)* davon befallen wurden, hielten sie eine Konferenz auf den Hängen des Himalaja ab und überlegten, wie die Probleme zu lösen seien. Sie beschlossen, einen von ihnen, *Bharadvaja* (sprich: »baradwadja«), zu *Indra* zu schicken, um ihn um Rat zu fragen. *Als Bharadvaja* im Himalaja ankam, traf er *Indra, der* bereits wußte, weshalb er gekommen war. *Indra* lehrte *Bharadvaja* den Ayurveda und betonte, daß jeder nach seiner Pflicht leben und ein Gleichgewicht zwischen Pflicht, Besitz und Freuden anstreben solle, um die Gesundheit zu erhalten. Somit wurde *Bharadvaja der* erste Sterbliche, der das Wissen um das Leben erlangte.

Diese Version hat insofern einen realen Bezug zur indischen Geschichte, als 3000 v. Chr. im Nordwesten Indiens eine hochentwickelte Stadtkultur entstand, die unter dem Namen »Induskultur« bekannt ist. Handelsbeziehungen mit dem Zweistromland gelten als gesichert für diese Zeit.

Bharadvaja war umgeben von 50 Weisen und gab sein medizinisches Wissen einem von ihnen, *Punarvasu* (sprich: »punarwasu«) oder *Atreya* (sprich: »atreja«) genannt, weiter. *Punarvasu* wiederum hatte sechs Schüler, von denen jeder ein medizinisches Lehrwerk schrieb. Von diesen Büchern blieb jedoch nur das des Schülers *Agnivesha* (sprich: »agni-wescha«) erhalten. Dieses Werk ging auf *Caraka* (sprich: »tscharaka«, was der »Wanderer« oder »Späher« bedeutet) über, und es bildete die Grundlage für den von ihm verfaßten C*araka-Samhita,* der neben dem *Sushruta-Samhita das* zweite existierende bedeutende medizinische Werk des Ayurveda ist.

Das dritte bedeutende überlieferte Werk der indischen Medizin ist der *Ashtanghardaya* (sprich: »aschtan-gar-daja«, »das Herz der acht Glieder«) des Arztes *Vagbhata.* Er hat sehr viel später als *Sushruta und Caraka* gelebt und wahrscheinlich sowohl aus der Kenntnis ihrer beiden *Samhitas* als auch aus der Kenntnis tibetischen und chinesischen Wissens sein Werk als eine Art Zusammenfassung des gesamten medizinischen Wissens verfaßt.

Doch außer diesen drei bedeutenden Werken gibt es noch andere, ältere und historisch überlieferte Werke, in denen heilkundliche Themen behandelt werden, und zwar den sogenannten Veda (sprich: »weda«), oft auch als »die Veden« bezeichnet, da er aus mehreren, insgesamt vier, Werken besteht. Die Veden sind nicht nur das älteste Zeugnis der indischen Literatur, sondern auch der gesamten indoeuropäischen Kultur. Die Verfasser sind unbekannt, und das Werk gilt den Indern als von Gott offenbart.

Eines der vier Werke ist der *Rig-Veda,* der, wie zu Anfang des Kapitels erwähnt, um 2000 bis 1500 v. Chr. entstanden sein könnte und bereits Operationen, Prothesen und 67 Heilpflanzen erwähnt. Sehr viel mehr medizinisches Wissen findet sich im *Atharva-Veda, der* ca. um 700 v. Chr. entstanden ist. Hier werden bereits 290 Heilpflanzen genannt, eine Reihe von Therapien für verschiedene Krankheiten aufgeführt und die Lehre vom kranken und gesunden Menschen formuliert. Es gibt inhaltliche Übereinstimmungen zwischen Aussagen des *Atharva-Veda* und dem *Sushruta-* sowie dem *Caraka-Samhita,* so daß der Ayurveda gelegentlich als ein Anhang zum *Atharva-Veda* verstanden wird. Auch in den beiden anderen Veden, dem *Yajur-Veda* (sprich: »ja-djur-weda«) und dem *Sama-Veda* finden sich medizinische Beschreibungen.

Die Entwicklung geht auf historisch gesichertem Boden weiter: Aus den Lehren von *Caraka und Sushruta* entwickelten sich zwei verschiedene Schulen nach Art unserer Universitäten, eine in Anknüpfung an *Caraka* mit internistischem Schwerpunkt in Taxila und eine in Anknüpfung an *Siishruta* mit chirurgischem Schwerpunkt in Benaresh. So kommt es, das *Sushruta allen* Ernstes von modernen Vertretern des Ayurveda als »Professor der Medizin der Universität Benaresh« bezeichnet wird. Zwischen beiden Schulen fand ein wissenschaftlicher Austausch statt.

Das in diesen Schulen tradierte und entwickelte Wissen gelangte auf ostwestlichen Handelswegen westwärts in Richtung Europa, und höchstwahrscheinlich profitierte auch Hippokrates, der berühmte griechische Arzt der Antike, der als Begründer der abend-ländischen Medizin gilt, um 300 v. Chr. davon. Jedenfalls gibt es auffallende Übereinstimmungen zwischen den Aussagen von Hippokrates und der für den Ayurveda zentralen *Tridosha-Lehre* sowie der Biorhythmik (die im übernächsten Kapitel erläutert werden). Von Alexander dem Großen, der ca. 500 Jahre nach Hippokrates lebte, ist überliefert, daß er seine Ärzte von indischen Spezialisten unterrichten ließ.

Ein wichtiger Abschnitt für die Entwicklung des Ayurveda war die Epoche des berühmten indischen Königs *Ashoka* (sprich: »aschoka«) der um 250 v. Chr. lebte. Er führte große Reformen durch, richtete im ganzen Land Krankenhäuser ein, ließ Ärzte und Pflegepersonal ausbilden sowie Heilkräutergärten anlegen und verbesserte die hygienischen Verhältnisse. Dadurch, daß er den Buddhismus zur Staatsreligion erhob, verbreitete sich mit ihm auch der Ayurveda in den asiatischen Ländern Tibet, Sri Lanka, in Teilen von China und Japan, in Indochina und Indonesien. Dort werden noch heute vom Ayurveda abgeleitete Heilkunden praktiziert. Die neuralgischen Punkte zum Beispiel, die in der chinesischen Akupunktur eine wichtige Rolle spielen, sind auch im Ayurveda bekannt, wo sie aber statt mit Nadeln mit Druckmassagen beziehungsweise einer Akupressur behandelt werden. - Auch die arabische Medizin ist vom Ayurveda beeinflußt.

Es läßt sich somit ohne Übertreibung sagen, daß der indische Ayurveda die »Keimzelle« des gesamten medizinischen Wissens der Menschheit ist - ein Grund mehr, sich damit zu beschäftigen. Zusammenfassend zeigt Abb. 1 (nächste Seite) noch einmal die etwas undurchsichtige Entstehung des Ayurveda im Überblick.

Abb. 1: Die Entwicklung des Ayurveda: Mythologie und Historie sind untrennbar verknüpft

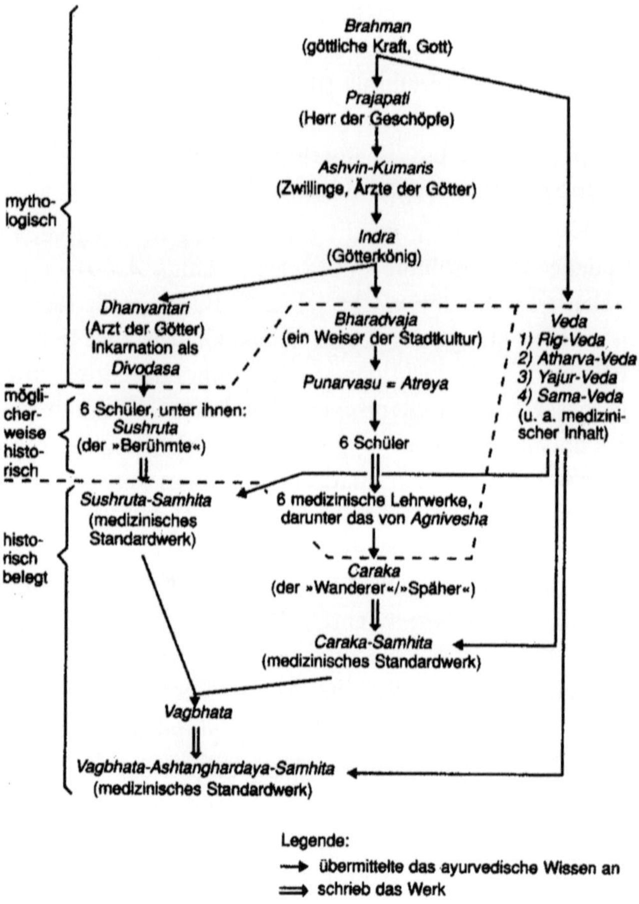

Das Dreigestirn der ayurvedischen Ärzte: *Caraka, Sushruta und. Vagbhata*

Der *Caraka-, der Sushruta-* und der *Vagbhata-Samhita* sind wie viele andere indische Werke und auch die Veden in Versen, sogenannten *Shlokas* (sprich: »schlokas«) abgefaßt. Der Grund dafür besteht weniger in einer gewollt künstlerischen Gestaltung, wie man in heutiger Zeit vermuten würde, als in der mnemotechnischen Wirkung: Der Inhalt kann auf diese Weise leichter im Gedächtnis behalten werden. Konfrontiert mit einem Krankheitsfall, rezitiert der Arzt für sich die Verse, erinnert alle zu einem bestimmten Begriff passenden Texte aus den verschiedenen Sanskrit-Werken und findet schnell zu der richtigen Diagnose und Therapie.

Überspitzt gesagt, könnte man behaupten, dies sei auch schon fast alles, was der *Sushruta-* und der *Caraka-Samhita* gemeinsam haben. Denn die beiden Werke sind sowohl von ihrem Inhalt als auch von ihrer Ausrichtung her grundverschieden.

Carakas Werk ist sicher das ältere von beiden, aber seine Datierung ist nicht ganz gesichert; verschiedenen Schätzungen zufolge schwankt die Entstehungszeit zwischen 1200 und 700 v. Chr. *Caraka* begründete, wie erwähnt, die Internisten-Schule, und dementsprechend lag sein Schwerpunkt auf der inneren Medizin, und zwar auf der richtigen Ernährung sowie dem richtigen Verhalten in der menschlichen Gemeinschaft, der Familie und der Gesellschaft. Dieser Schwerpunkt stimmt auch mit dem erwähnten Mythos überein: Wenn die Bewohner der Städte überwiegend an Zivilisationskrankheiten litten, so macht die Betonung der inneren Medizin Sinn.

Interessant ist die Definition von Ayurveda, die er zu Beginn seines *Samhita* gibt: »Dies wird als jene Wissenschaft des *Ayus*

(Lebens) genannt, in welcher die wohltuenden wie schädlichen, die glücklich wie unglücklich machenden und dadurch zum Leben beitragenden Vorgänge und die Schätzung der Lebensdauer, wie deren Beschreibung, vorgenommen wird.

Den Zusammenschluß von *Sharira* (sprich: »scharira«, Körper), *Indriya* (sprich: »indri-ja«, Feld der Sinneserfahrung) und *Sattva* (sprich: »sattwa«, Lebensfluß) nennt man *Ayus.* Es wird auch der > Zusammenhalt< oder das >Lebende< oder der >unverzichtbare Kern< oder der >Zusammenschluß< genannt« (zitiert nach Lobo, »Ayurveda«, S. 22).

Mit anderen Worten: Unter Gesundheit versteht C*araka* die Vereinigung dreier Prinzipien, nämlich

- des Körpers als des Inbegriffs der Vielfalt auseinanderstrebender Funktionen im Inneren des Menschen,
- des Feldes der Sinneserfahrung, also der Wahrnehmungs- und Tätigkeitsfelder, in denen der Mensch agiert, und
- des Lebensflusses als der lebensbejahenden Kommunikation mit der Umwelt.

Das Leiden hingegen sieht *Caraka* als eine Störung des Gleichgewichts an, das wiederhergestellt werden muß. Dabei sind Arzt, Medikament, Pflegepersonal und Patient gleichermaßen wichtig. Für alle vier Bereiche *gibt Caraka* eigene Vorschriften. Der Arzt zum Beispiel muß klug, gelehrt, erfahren und rein sein, der Patient muß ein gutes Gedächtnis für die ärztlichen Anweisungen haben, mitteilsam und furchtlos sein sowie dem Arzt gehorchen.

Caraka betont immer wieder, daß nicht er der Urheber *des Samhita* sei, sondern daß er ihn nach den Lehren seiner Vorgänger zusammengestellt habe, wobei er sich auf *Atreya und Agnivesha* beruft. Er gliedert sein Werk in acht Teile:

1. Pharmakologie, Diätetik (Lehre von der richtigen Ernährung), Kurmethoden, Psychologie, Physiologie usw.,
2. Pathologie der acht Hauptkrankheiten,
3. Geschmack, Ernährung, allgemeine Pathologie, Studium,
4. Anatomie und Embryologie,
5. Diagnose und Prognose,
6. spezielle Therapie der inneren Medizin,
7. Toxikologie (Giftlehre) sowie
8. allgemeine Therapie.

Der Sushruta-Samhita ist ungefähr 200 Jahre nach *dem Caraka-Samhita* entstanden. *Sushruta* war, wenn er tatsächlich gelebt hat, wahrscheinlich ein direkter Nachkomme - vielleicht sogar der Sohn - des Königs *Vishvamitra* (sprich: »wischwa-mitra«). Er war ein berühmter König des Altertums und soll es zu einem so beträchtlichen Wissen über *Brahman* gebracht haben, daß er damit den Götterhimmel bedrohte. *Vishvamitra* galt als mitleidsvoller Menschenfreund.

Im Gegensatz zu *Caraka* liegt bei *Sushruta der* Schwerpunkt auf der Chirurgie, genauer gesagt auf *Shalya-Tantra* (sprich: »schal-ja-tantra«), der »Lehre vom Pfeil«, die sich mit der Entfernung von Fremdkörpern aller Art aus dem menschlichen Körper und aus Geschwüren befaßte. Unter Fremdkörpern wurden auch abgestorbene Kinder im Mutterleib verstanden. Gleich zu Beginn des *Sushruta-Samhita* heißt es dementsprechend: »> So ist die gesamte Wissenschaft vom Ayurveda in die acht Fächer eingeteilt. Sagt mir nun, welches von ihnen soll gelehrt werden und wem unter euch?< Die Schüler sprachen: > Belehre uns alle, o Gott, in der Wissenschaft der Chirurgie und lasse sie die Hauptsache bei unserem Studium sein.< Worauf *Dhanvantari* antwortete: >So sei es!<« (zitiert nach Wallnöfer, »Ayurveda«, S. 26).

Den chirurgischen Schwerpunkt könnte *Sushruta be*dingt durch die damaligen indoarischen Kriege gewählt haben: Auf dem Schlachtfeld erworbene Verletzungen waren fast ausschließlich chirurgisch zu behandeln. Allerdings gibt es auch noch eine ganz andere Deutung für die Wahl der Chirurgie: Wenn *Vishvamitra* so viel über *Brahman* wußte, daß er damit den Götterhimmel bedrohte, so könnte dies ein versteckter Hinweis darauf sein, daß sich die *Brahmanen* (sprich: »brachmanen«), die der obersten oder Priester-Kaste angehörten, von ihm bedroht fühlten. *Vishvamitra* galt als Freund der *Kshatriya- (sprich:* »kschatrija«) oder Krieger-Kaste, der zweiten Kaste, die den *Brahmanen* unterlegen war. Die Entwicklung der Chirurgie wäre dementsprechend ein Akt der Befreiung der Krieger von den Priestern gewesen, weil sie es ermöglichte, den damals von den Priestern praktizierten Menschenopfern zu entgehen. Denn mittels eines chirurgischen Eingriffs konnte ein Mensch, der als Opfer dargebracht werden sollte, von seinem tödlichen Stich geheilt werden. Zentrales gesellschaftliches Anliegen des *Sushruta-Samhita* wäre somit die Überwindung des Menschenopfers.

Nach dieser Deutung wäre der Übergang von *Caraka zu Sushruta* nicht nur ein medizinischer, sondern auch ein sozialer Wandel. Während *Caraka* noch den *Brahmanen* und damit auch indirekt dem Menschenopfer verpflichtet war, hat sich *Sushruta* davon gelöst. Der soziale Wandel besteht in der Abkehr vom Brandopfer und der Schlachtung von Menschen sowie der Hinwendung zu einem tiefgreifenderen Verständnis des menschlichen Leidens in seinem individuellen und gesellschaftlichen Kontext.

Sushruta stellte wie auch *Caraka* eine Reihe von Anforderungen an den Arzt. So sollte er neben seiner fachlichen und persönlichen Oualifikation, die er nur durch eine lange und intensive Ausbildung erlangen konnte, auch eine bestimmte Kleidung tragen: »Der fertige Arzt soll sauber, mit weißen Kleidern und Schuhen angetan, Stock und Schirm in der Hand und mildem Gesichtsausdruck umhergehen« (zitiert nach von Keudell, »Das neue Ayurveda-Gesundheitsbuch«, S. 57). Dies zeigt, wie »modern« sein Werk ist, denn an der Kleidung der Ärzte hat sich bis heute nichts geändert; ob allerdings die Ärzte heute stets einen milden Gesichtsausdruck haben, dürfte zweifelhaft sein.

Auch Sushruta teilt sein Werk in acht Abschnitte ein, gliedert diese aber völlig anders als *Caraka:*

1. *Shalya-Tantra* oder Chirurgie,
2. Hals-, Nasen-, Mund-, Ohren- und Augenheilkunde,
3. Allgemeinmedizin,
4. das Wissen von den dämonischen Erkrankungen modern gesagt: Psychiatrie,
5. Kinderheilkunde,
6. Toxikologie (Giftlehre),
7. das Wissen von der Verjüngung - modern gesagt: Gerontologie oder Geriatrie,
8. die Lehre von den Aphrodisiaka und Andrologie (Männerheilkunde).

Entsprechend dieser Einteilung gab es im alten Indien bereits Fachärzte, die sich auf jeweils eines der Gebiete spezialisiert hatten. Zudem ist diese Einteilung noch heute im Ayurveda maßgeblich. Die Lehre, daß die Krankheit die Folge eines gestörten Gleichgewichts sei, hat der heutige Ayurveda hingegen von *Caraka* übernommen.

Vagbhata lebte wesentlich später als *Sushruta und Caraka,* und zwar ungefähr um 700 n.Chr. Sein Werk, der

Ashtanghardaya, wurde auch ins Arabische übersetzt, wo er als »Ashtangahradis« bekannt ist, und ins Tibetische. Die tibetische Medizinphilosophie wurde maßgeblich von diesem Werk beeinflußt.

Der Stand der altindischen Medizinkunst

Manche Leser mögen sich fragen, ob die altindische Medizin nach heutigen Maßstäben überhaupt noch anwendbar oder ob sie nicht längst »überholt« ist. Der moderne Mensch des Abendlandes neigt dazu, den »Fortschritt« erst mit der industriellen Revolution und der Entwicklung der Technik beginnen zu lassen. Alles, was davor geschah, erscheint suspekt im Hinblick auf seine heutige Brauchbarkeit.

Daß dies in bezug auf den Ayurveda eine völlige Fehleinschätzung ist, mögen einige Beispiele belegen. Zwar können wir im Rahmen dieser Einführung nicht zu sehr auf medizinische Einzelheiten aus den ayurvedischen Standardwerken eingehen, doch mögen einige Besonderheiten der indischen Medizinkunst deren »Fortschrittlichkeit« nach modernem Verständnis belegen.

Sushruta entwickelte 20 medizinische Instrumente für Operationen, die noch heute, auch von der abendländischen Medizin, benutzt werden, darunter verschiedene Skalpelle, Zangen und Nadeln. Die Instrumente wurden aus Eisen angefertigt, was bei ihrer notwendigen Präzision auf eine hochentwickelte Schmiedekunst schließen läßt.

Wo die Technik nicht ausreichte, um entsprechende Instrumente herzustellen, wußte man sich auf originelle Weise zu helfen. So wurden zum Beipiel Darmverletzungen mit den natürlichen Klammern großer schwarzer Ameisen behandelt. Dazu wurde die Ameise an der Wundstelle angesetzt, bis sie sich in die Wundränder verbiß. Dann trennte man ihren Kopf vom Leib, wobei die Kiefer in ihrer verkrampfen Bißstellung verblieben. Die Klammern waren zuvor mit Ameisensäure desinfiziert worden und heilten rasch ein. Auf diese Weise dürfte so manche Operation gelungen sein.

Ein weiteres Beispiel für die Fortschrittlichkeit der altindischen Medizin sind die Krankheiten, die bereits damals behandelt werden konnten. Zu ihnen gehören grauer Star, Bauchhöhlenerkrankungen, Blasensteine, Kropf, Frauenerkrankungen wie Gebärmuttervorfall, Skorbut, Mund- und Zahnerkrankungen wie Zahnfisteln, Zahnbetteiterungen und Zahnstein. Im übrigen legte man nicht nur auf die Hygiene des Körpers, sondern auch auf die des Mundes besonderen Wert.

Man kannte ebenfalls bereits Desinfektionsmittel, zudem Betäubungsmittel, und sogar Lokalanästhesien (örtliche Betäubungen) konnte man schon vornehmen. Weiterhin gab es 70 Methoden, um Wunden zu schließen, wovon die meisten auch heute noch angewandt werden.

Alles in allem kann der Ayurveda also durchaus mit moderner Medizin konkurrieren, besser und weniger überheblich formuliert: Die moderne (abendländische) Medizin hat offenbar in vieler Hinsicht nur wiederbelebt, was über Jahrhunderte vergessen schien, aber seit langem zum Wissen der Menschheit gehört.

Grundlagen der ayurvedischen Denkweise

Kein Ayurveda ohne Philosophie

Der Ayurveda ist nicht einfach eine Lehre von der menschlichen Gesundheit, die losgelöst von anderen Lehren betrachtet werden kann. Vielmehr ist er Teil eines ganzen, in sich stimmigen Gedankengebäudes, nämlich der indischen Philosophie; und ohne Einbindung in dieses Denken bleibt er in seinen Kernaussagen unverständlich. Dies unterscheidet Ayurveda von der abendländischen Medizin, die zwar auch wie jedes System auf bestimmten philosophischen Überzeugungen beruht, sich dieser jedoch nicht bewußt ist.

Ayurveda ist also ein Gesundheitssystem, das auf einer bestimmten Philosophie und Religion basiert, wobei Religion hier ganz allgemein als Glaubensinhalte und Übungen verstanden wird, mit deren Hilfe der Mensch, vereinfacht gesagt, die Pforten der-Wahrnehmung für alle Aspekte des Lebens öffnen kann. Von »der« (indischen) Philosophie zu sprechen ist allerdings, streng genommen, eine unzulässige Simplifizierung, denn es sind sechs verschiedene philosophischeLehren, die alle in der einen oder anderen Weise mit dem Ayurveda verknüpft sind.

So unterschiedlich der *Caraka-Samhita* und der *Sushruta-Samhita in* ihrer medizinischen Ausrichtung sind, so verschieden sind auch die philosophischen Systeme, auf die sie sich stützen. *Carakas* Werk geht zurück auf die Philosophien Nyaya (sprich: »njaja«), eine Art Logik, und auf *Vai,@heshika* (sprich: »weischeschika«), eine Kosmologie oder atomistische Naturphilosophie, die sich beide ergänzen und auf einer Achse miteinanderverbindbarsind.S shrutaswerkhingegengründet sich auf die *Sa ikhya-Philosophie* (sprich: »samkja«), eine Art Evolutionstheorie, und den Yoga. Auch diese beiden stehen in einem polaren Bezug zueinander, so daß sich zusammengefaßt ein Bild ergibt, wie in Abbildung 2 dargestellt.

Abb. 2: Die Philosophien von Caraka und Sushruta

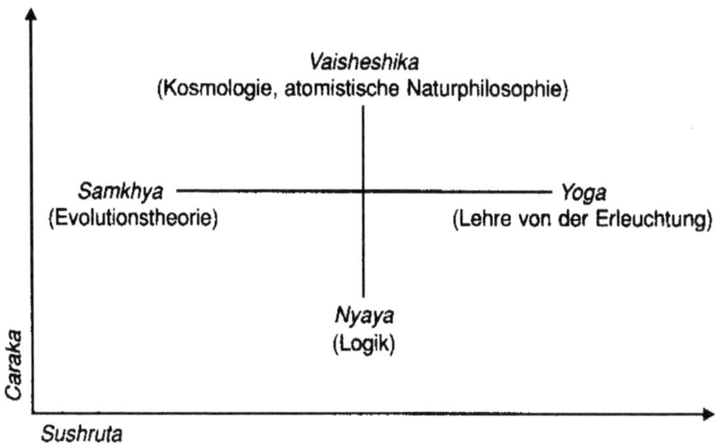

Außerdem gibt es noch eine dritte Achse, auf der diePhilosophien des *Vedanta (sprich: »wedanta«)* und des *Mimamsa,* zu finden sind. Dieses Paar, das den Veden nahesteht und daher mit allen medizinischen Staudardwerken verbunden ist, befaßt sich mit der Auslegung der Veden und der Untersuchung des vedischen Opferdienstes.

Im folgenden wollen wir uns im wesentlichen auf die Darstellung von *Vedanta, Vaisheshika und Samkhya* beschränken, während wir *Mimamsa* völlig außer acht lassen und *Nyaya* sowie Yoga nur kurz streifen. Weil diese philosophischen Systeme grundlegend von der abendländischen Tradition abweichen, empfiehlt es sich, daß der Leser sie möglichst unvoreingenommen und ohne Vergleiche mit der abendländischen Philosophie zu begreifen versucht. Die Systeme werden hier in ihren für den Ayurveda wichtigen Aussagen so einfach und klar wie möglich dargestellt, um das ayurvedische Verständnis von Krankheit und Gesundheit, das in den folgenden Kapiteln behandelt wird, zu erklären.

Die gemeinsame Philosophie der medizinischen Standardwerke

Nach dem *Vedanta* besteht die Leiblichkeit des Menschen aus den folgenden fünf Hüllen oder Schichten:

1. dem aus Nahrung und Stoffwechsel zusammengesetzten Körper, der der Sphäre des Wachbewußtseins entspricht,
2. der aus den vitalen Lebenskräften (Prana) bestehenden Schicht,
3. der aus Denken, Fühlen und den Sinnen *(Manas)* aufgebauten Hülle,
4. dem aus Erkenntnis und Unterscheidungsvermögen gebildeten Körper,
5. dem ursächlichen Leib, der aus Seligkeit gebildeten Schicht.

Von diesen ist die erste Hülle, die dem grobstofflichen Bereich zuzuordnen ist, die dichteste und stoffhaltigste, während die Schichten zwei bis vier feinstofflich sind. Erst wenn die fünfte Hülle, die die Grundlage der gesamten Schöpfungswelt bildet, zerrissen ist, kann der Mensch sein wahres Selbst, *Atmati,* erkennen. Denn eingehüllt in die fünf Schichten ist das Selbst so wenig sichtbar wie das Wasser in einem mit Schilf zugewachsenen Teich. Entfernt man aber das Schilf, so wird das klare Wasser dem Menschen sichtbar und schenkt ihm höchste Glückseligkeit. Ziel des *Vedanta* ist also eine Befreiung von den Fesseln des Nichtwissens. Dies kann der Mensch zum Beispiel durch die Übungen des Yoga erreichen.

Die medizinische Bedeutung dieser Lehre wird im Zusammenhang mit der Unterscheidung zwischen dem Grob- und dem Feinstofflichen im nächsten Abschnitt über die *Samkhya-Philosophie* behandelt, die *dem Vedanta* in manchen Zügen ähnlich ist.

Die Philosophie von *Sushruta*

Der Begriff *Samkhya* leitet sich wahrscheinlich von dem Sanskrit-Wort für »Zahl« her und bezeichnet demnach eine Philosophie, die die Weltprinzipien aufzählt. Die Samkhya-Philosophie liefert eine grundlegende theoretische Auslegung der menschlichen Natur, indem sie ihre Elemente aufzählt, definiert und die Art ihres Zusammenwirkens beschreibt. Es handelt sich also um eine Philosophie über die Entstehung der Welt beziehungsweise deren Evolution.

Gemäß dem *Samkhya* hat die Welt keinen zeitlichen Anfang und wurde auch von keinem Schöpfer erschaffen, sondern am Anfang standen *Purusha* (sprich: »puruscha«) und *Prakriti.*

Pur sha, was übersetzt einfach »Mensch« bedeutet, oder *Atman,* das »Selbst«, hat weder Eigenschaften noch Eigenheiten, ist ohne Anfang und ohne Ende, ewig während, ungeteilt, ungegliedert, alldurchdringend, unendlich, unzerstörbar, körperlos, ohne Aktivität und unveränderlich - eine Art universelles Geistprinzip. Unter *Prakriti (»pra«* bedeutet »vor, vorwärts« und *»kri«* »machen, handeln«) versteht man die Urmaterie in ihrem rohen, unberührten und unmanifestierten Zustand. Sie besitzt eine unveränderliche Quantität, das heißt, man kann sie nicht vermehren oder vermindern, sondern nur verwandeln. Will man *Prakriti* mit Begriffen der modernen Physik vergleichen, so scheint sie mit der »Energie« im physikalischen Sinne übereinzustimmen; auch diese kann nicht quantitativ verändert, sondern nur in Materie verwandelt werden.

Prakriti besteht aus drei Eigenschaften oder *Gunas,* und zwar aus *Sattva* (sprich: »sattwa«), *Rajas* (sprich: »ra-djas«) und *Tamas. »Sat«* heißt so viel wie »seiend«, »gut« oder »vollkommen«, und *Sattva* bedeutet dementsprechend »der ideale Seinszustand«, »Vollkommenheit« oder »makellose Klarheit«; *Sattva-Oualität*en herrschen bei Göttern und himmlischen Wesen vor, bei uneigennützigen Menschen und bei solchen, die sich rein geistigen Bestrebungen widmen. Der Begriff bezeichnet daher die Intelligenz, die Reflexion oder den Ursprung des Bewußtseins.

Rajas oder »Unreinheit« in der wörtlichen Übersetzung ist das energetische Prinzip, das Veränderliche, Bewegliche, die Energie, die sich selbst aktiviert. Verglichen mit der modernen Naturwissenschaft, scheint *Rajas* dem Prinzip der »Selbstorganisation« vergleichbar. *Tamas* schließlich, wörtlich übersetzt »Dunkelheit«, ist die Trägheit oder der Widerstand, der dem Groben und Schweren der Materie entspricht.

Diese Trigunas (»tri« heißt »drei«) können zum einen als psychische Zustände aufgefaßt werden: *Sattva als* Freude und Güte, *Rajas* als Schmerz und Leiden sowie *Tamas* als Schwerfälligkeit und Trägheit. Zum anderen sind sie als Faktoren in der manifesten und nichtmanifesten Welt enthalten: *Sattva* als Erleuchtung und Gedanke, *Rajas* als Energie und Aktivierung sowie *Tamas* als Schwere und Masse.

Die Gunas sind nicht getrennt voneinander, sondern stehen miteinander in Verbindung, und die verschiedenen Bedingungen der manifesten Welt hängen davon ab, welche der Qualitäten in dominanter Form vorliegt. Als Beispiel für die Kommunikation der *Gunas* untereinander mag in der manifesten Welt eine Tulpe dienen: Die Zwiebel, in ihrer massiven Realität mit der Erde und der Dunkelheit verbunden, entspricht *Tamas;* Stiel und Blätter, die mit Hilfe ihres Stoffwechsels die Zwiebel und die Blüte bilden, stimmen mit *Rajas* überein. Die Blüte schließlich, die durch Farbe und Duft dem lichten und luftigen Pol zugeordnet ist, entspricht *Sattva.*

Auf biologischer Ebene wirken *Sattva, Rajas und Tamas als Vata, Pitta und Kapha.* Das sind die drei Regulationsprinzipien, die für den Aufbau des menschlichen Körpers, die ärztliche Diagnose und Therapie von entscheidender Bedeutung sind; sie werden im übernächsten Kapitel ausführlich behandelt.

Im Urzustand befinden sich *Purusha und Prakriti im* Gleichgewicht und sind völlig unmanifestiert, also nicht materiell, sondern rein geistig; sie bilden *Avyak*tam (sprich: »Aw-jak-tam«), das »Unentfaltete«. Dadurch, daß *Ptirusha und Prcikriti* in ein Ungleichgewicht geraten, beginnt zwischen ihnen ein Kräftespiel, das die »Welt« erzeugt beziehungsweise entfaltet. Auch hier scheint in gewisser Hinsicht wieder eine Nähe zur modernen Naturwissenschaft zu bestehen, denn sie geht ebenfalls davon aus, daß die materielle Welt durch ein Ungleichgewicht oder eine »Symmetriebrechung« entstand. - Mit der Erzeugung der Welt beginnt die Knechtschaft des Kreislaufs der Wiedergeburten *(Samsara).*

Da Purusha unveränderlich und körperlos ist, kann sich nur *Prakriti* verändern, und zwar manifestiert sie sich schrittweise in zunehmender Verdichtung vom Feinstoftlichen zum Grobstofflichen. Zuerst entsteht *Buddhi (»budh«* bedeutet unter anderem »erwachen«, und der Name Buddhas als der »Erwachte« oder »Erleuchtete« leitet sich davon ab) oder *Mahat* (sprich: »machat«), »das große Urprinzip«. *Buddhi* bezeichnet das kosmische Erkenntnisvermögen, das geistige Gewahrwerden oder die Entscheidung.

Aus *Buddhi* entfaltet sich *Ahamkara;* »aham« bedeutet »ich« und *»kara«* »machen«, also handelt es sich um den »Ichmacher« oder dasjenige, was ein Ich-Bewußtsein erzeugt, beziehungsweise ein Selbstgefühl, das zwischen einem Ich und der Außenwelt unterscheidet. Während bei *Buddhi* noch die Eigenschaft *Sattva,* also das geistige Vermögen, dominiert, wird *Ahamkara* von *Rajas,* dem energetischen Prinzip beherrscht.

In der folgenden Entwicklung gabelt sich die »Welt« in eine Subjekt- und eine Objektseite. Auf der Subjektseite entsteht zunächst *Manas,* der Intellekt, bei dem die dritte der Eigenschaften, *Tamas* oder Trägheit, vorherrscht. Aus *Manas* entwickeln sich einerseits die fünf *Jnanendriyas* (sprich: »Djna-nen-drijas«), also die feinstofflichen Sinne Hören, Fühlen, Sehen, Schmecken und Riechen; diese wiederum manifestieren sich grobstofflich als die entsprechenden fünf Sinnesorgane *(Indriyas,* sprich: »indri-jas«) Ohren, Haut, Augen, Zunge und Nase.

Andererseits entstehen aus *Manas* die fünf feinstofflichen *Karmendrivas* (sprich: »kar-men-dri-jas«) oder Handlungsvermögen, das sind Sprechen (auch im Geiste), Greifen, Gehen, Entleeren und Zeugen. Diesen entsprechen im grobstofflichen Bereich die fünf Tatorgane Kehlkopf und Mund, das Greiforgan, das Gehorgan, die Ausscheidungs- und die Geschlechtsorgane. Falls eines dieser Organe durch Krankheit ausfällt, bleibt das entsprechende Handlungsvermögen trotzdem erhalten, zum Beispiel kann man statt mit den Händen auch mit den Füßen oder dem Mund greifen.

Parallel zur Subjekt- entwickelt sich die Objektseite, wobei aus *Ahamkara* die fünf *Tanmatras* oder feinstofflichen Grundelemente hervorgehen, die als Entsprechung der fünf Sinne erfahren werden: Laut, Tastwelt, Form, Geschmack und Geruch. Aus diesen entwickeln sich die fünf entsprechenden *Mahabhutas* (sprich: »machabutas«, wörtlich übersetzt: »Großgewordene«) oder grobstofflichen Elemente *Akasha* (sprich: »akascha«) oder »Äther«, *Vay* (sprich: »waju«) oder »Wind«, *Tejas* (sprich: »tedjas«) oder »Feuer«, *Apas* oder »Wasser« und *Prithivi oder* »Erde«. Diese fünf *Mahabhutas* spielen im Ayurveda eine wichtige Rolle, denn aus ihnen sind sowohl Nahrungsmittel und Medikamente als auch der menschliche Körper zusammengesetzt, worauf unter anderem im nächsten Kapitel eingegangen wird.

Dies sind alle Weltprinzipien, die in Abb. 3 (Seite 34) noch einmal übersichtlich dargestellt werden.

Obwohl man im Kontext der *Samkhya*-Philosophie mit Begriffen aus der abendländischen Philosophie vorsichtig sein muß, kann man doch sagen, daß *Buddhi, Ahamkara und Manas* die »Psyche« des Menschen ausmachen. Dabei ist *Ahamkara,* der »Ichmacher«, dasjenige, was den Menschen glauben macht, er handele, höre, sehe, leide usw.; dies ist aber in Wirklichkeit nur eine Täuschung, denn das wahre Wesen oder *Purusha* ist frei von diesen Annahmen. *Buddhi* umfaßt die Gesamtheit der emotionalen Gefühle und geistigen Möglichkeiten des Menschen. Da der Mensch nicht die Freiheit hat, genau das zu fühlen, zu wissen oder zu denken, was er möchte, bedeutet dies, daß *Buddhi* den »Ichmacher« in Rang und Macht übertrifft.

Abb. 3: Die Samkhya-Philosophie im Überblick

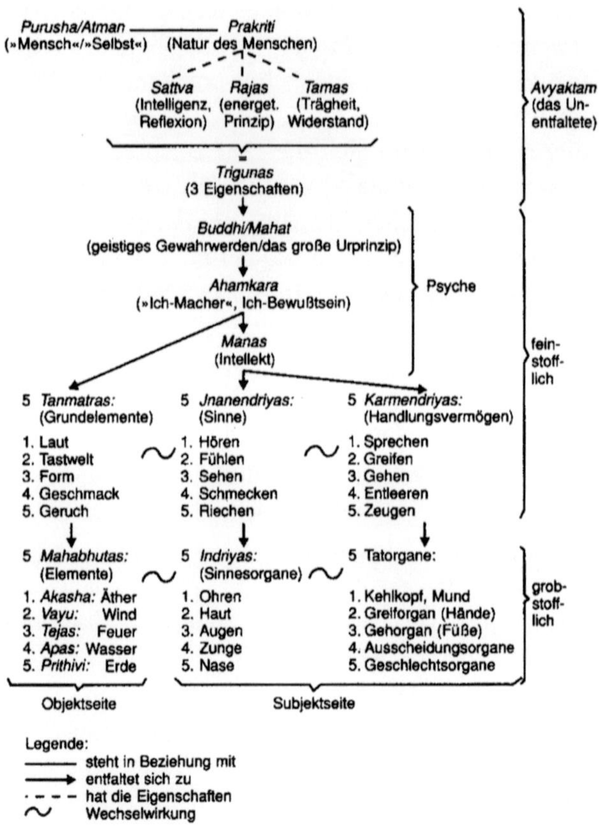

Der Körper wird in der *Samkhya*-Philosophie als Stadt oder königlicher Palast vorgestellt. Dabei arbeitet *Manas* mit den fünf feinstofflichen Sinnen und den fünf Tatvermögen eng zusammen, er ist eine Art Dorfältester, der die Erfahrungen der äußeren Sinne wie Steuern einsammelt und sie an *Ahamkara,* den Finanzminister, weitergibt. Von dort werden sie an *Buddhi, den* Kanzler, weitergeleitet, der sie schließlich dem König *Purusha* ausliefert.

Nach der Samkhya-Philosophie kann die evolutionäre Entwicklung in beide Richtungen verlaufen, das heißt, es kann sowohl aus *Purusha und Prakriti* die »Welt« entstehen wie diese auch in die beiden zurückkehren kann. Für den Ayurveda hat dies konkret folgende Bedeutung: Der Körper beeinflußt den Geist und umgekehrt. Wenn der Mensch also zum Beipiel irgendwelche Medikamente einnimmt, so üben sie nicht nur auf seinen Körper, sondern auch auf seinen geistigen Zustand eine Wirkung aus - etwas, das in der abendländischen Medizin geleugnet oder bestenfalls als »Nebenwirkung« akzeptiert wird.

Außerdem liegt die Ursache für Gesundheit und Krankheit nicht etwa in den Organen, denn diese sind ja nur die grobstoffliche Entsprechung der feinstofflichen Psyche. Somit wurzeln Gesundheit und Krankheit im feinstofflichen, seelischen Bereich, was auch im *Vedanta* erkennbar ist. Das heißt, Krankheiten können gar nicht rein physisch geheilt werden, denn körperlich lassen sich bestenfalls die Symptome beseitigen. Vielmehr müssen Krankheiten von ihrer seelischen Wurzel her behandelt werden, weil die richtige Geisteshaltung von selbst die richtigen Organe oder den richtigen Zustand der Organe hervor bringt.

Ziel des Yoga ist zunächst die Reinigung *Buddhis von Tamas und Rajas.* Durch die Beseitigung von *Tamas* verschwindet die Dunkelheit, und die feine Materie von *Buddhi* wird durchsichtig.

Die Reinigung von *Rajas* beseitigt die Bewegung des Geistes. Denn dieser ist von Natur aus immer in Bewegung wie Wellen auf einer ruhelosen Wasseroberfläche. Hört diese Bewegung auf, dann ist der Geist beschwichtigt, und fern von allem Weltengetümmel offenbart sich *Purusha,* das wahre Wesen des Menschen oder die individuelle Lebensmonade, wie ein Juwel auf dem Grunde eines stillen Teiches. Die vollkommene Erkenntnis des *Purusha* ist das höchste Ziel des Yoga. Während sich die Samkhya-Philosophie mit dem Aufbau der Welt in der beschriebenen Weise befaßt, vermittelt der Yoga die praktischen Techniken, die zur Loslösung von der Welt führen. Auf diese Weise ergänzen sich *Samkhya* und Yoga, denn beide führen zum selben Ziel. Auf den Yoga soll hier nicht weiter eingegangen werden; er wird im letzten Kapitel als geistige Voraussetzung der Gesundheit noch einmal kurz behandelt.

Die Philosophie von *Caraka*

»Nyaya« bedeutet so viel wie »Regel«, »Grundsatz« oder »Richtschnur« und umfaßt ein System, das die Regeln für das richtige Denken und daher Folgern sowie Diskutieren aufstellt. *Nyaya* ist also eine Art Lehre von den Grundsätzen der wissenschaftlichen Argumentation. Das Wort *»Vaisheshika«* leitet sich von dem Wort *»Visheshа«* her, was »Unterschied« bedeutet. Das *Vaisheshika* ist eine Lehre, die dadurch, daß sie die spezifischen Unterschiede zwischen allem, was dem Menschen in der Außen- und Innenwelt entgegentritt, die metaphysischen Probleme zu lösen versucht. Beide Systeme ergänzen sich gegenseitig: *Der Nyaya* hat sich die atomistische Welterklärung des *Vaisheshika* zu eigen gemacht und dieser sich die Logik des *Nvaya.*

Das Vaisheshika beginnt bei den Atomen, ohne aber wie die *Sam khya*-Philosophie nach deren Herkunft zu fragen. Atome sind die kleinsten nicht mehr weiter zerlegbaren ewigen und unzerstörbaren stofflichen Bausteine der Wirklichkeit, aus denen alles Materielle zusammengesetzt ist. Jedes Atom unterscheidet sich von allen anderen.

Die Atome haben keine Ausdehnung, durch ihre Verbindungen aber erhalten sie Ausdehnung und Sichtbarkeit. Im Verlaufe des ewigen Weltprozesses vereinigen und trennen sich die Atome immer wieder. Wenn eine Weltperiode abgelaufen ist, isolieren sie sich voneinander, so daß es dann keine sichtbare Welt gibt. Die Seelen aber bewahren ihre guten und bösen Taten, ihr *Karma,* und verbinden sich infolgedessen sofort wieder mit den verschiedenen Atomen. Dadurch kommt die Atombewegung neu in Gang, und ein neuer Schöpfungszyklus beginnt.

Der Mensch erwirbt Tugend oder religiöses Verdienst und die Erlösung vom Karma beziehungsweise dem Kreislauf der Wiedergeburten, indem er die Wahrheit erkennt. Diese besteht in der Kenntnis des Wesens der sechs Kategorien der Natur: Substanz oder *Dravya* (sprich: »drawja«), Qualität oder *Guna,* Verstand oder *Manas,* Tätigkeit oder *Karma,* Gemeinsamkeit, Besonderheit und Inhärenz. Dabei wird eine Substanz als das definiert, was die Grundlage von Oualitäten und die inhärente Ursache von Produkten ist-, die Erkenntnis zum Beispiel ist ein Produkt der Seele. Eine Oualität kann im Gegensatz zur Substanz nicht selbständig vorkommen, sondern nur in Verbindung mit ihr. Auch eine Tätigkeit wohnt einer Substanz inne. Substanz, Qualität und Tätigkeit sind drei Kategorien, in denen alles Seiende enthalten ist, die übrigen Kategorien beschreiben nur die Beziehungen dieser drei zueinander.

Im Ayurveda spielen insbesondere Substanzen und Qualitäten eine besondere Rolle, und zwar bei den Medikamenten, den Nahrungsmitteln und der Einstufung nach ihrer therapeutischen Wirkung. Es gibt insgesamt neun Substanzen: die bereits bekannten fünf Elemente Erde, Wasser, Feuer, Luft und Äther, außerdem Raum und Zeit, die alldurchdringend und ewig sind, die individuellen Einzelseelen, ebenfalls alle ewig und allgegenwärtig, sowie der Verstand (*Manas*). Dieser ist selbst ein Atom und stellt die Verbindung zwischen den Seelen und den Außendingen her, wodurch sich die Empfindung von Lust, Schmerz und anderen Dingen vermittelt.

Es gibt 24 Qualitäten, von denen hier nur einige für den Ayurveda bedeutsam aufgeführt seien: Farbe, Geruch, Geschmack, Tastempfindung, Lust und Schmerz. Beim Geschmack *(Rasa)* werden sechs Arten unterschieden, und zwar süß, sauer, salzig. scharf, bitter und zusammenziehend. Diese *Rasas* spielen für die Zubereitung der Nahrung in Abhängigkeit vom Konstitutionstypus des Menschen, insbesondere bei Krankheiten und zur Vorbeugung gegen sie, eine wichtige Rolle-, sie werden später ausführlich erläutert. Farben sind insofern bedeutsam, als der Ayurveda eine eigene Farbtherapie kennt, die im Kapitel über die wichtigsten Formen der Therapie dargelegt wird. Die übrigen Elemente der *Vaisheshika-Philosophie* sollen hier nicht weiter beschrieben werden, weil sie keine unmittelbare Auswirkung auf den Ayurveda haben.

Der Nyaya stellt Regeln für das richtige Denken, Schlußfolgern sowie Diskutieren auf und nennt vier Ouellen wahrer Erkenntnis, und zwar Wahrnehmung, Schlußfolgerung, Vergleich sowie glaubwürdiges Zeugnis. Objekte richtiger Erkenntnis können subjektive und objektive Faktoren der Erfahrung sein, darunter unter anderem Seele, Körper, Sinnesorgane, Sinnesgegenstände und Verstand *(Manas). Caraka* hält sich in seinem medizinischen Werk an den *Nyaya,* indem er jeden Begriff, den er verwendet, mit anderen verbindet und daraus Schlußfolgerungen zieht.

Die Anatomie des menschlichen Körpers

Der Umfang der ayurvedischen Anatomie

Die ayurvedischen Werke bezeugen ein umfassendes Wissen über die Anatomie des menschlichen Körpers, das unter anderem bereits Embryologie (die Lehre von der vorgeburtlichen Entwicklung), Osteologie (die Lehre von den Knochen), Myologie (die Lehre von den Muskeln) einschließlich Kenntnisse der Blutgefäße und Splanchnologie (die Lehre von den Eingeweiden) umfaßte.

Der Körper, *Sharira* (sprich: »scharira«) genannt, wird von *Caraka* definiert als »etwas, das allmählich verfällt« (zitiert nach Thakkur, »Ayurveda«, S. 84). Er wird in sechs Hauptabschnitte unterteilt: die zwei oberen und die zwei unteren Extremitäten, Rumpf, Kopf und Nacken. Um den Körper in allen Einzelheiten kennenzulernen, empfahlen bereits *Caraka und Sushruta* den ayurvedischen Ärzten das Sezieren von Leichen. »Was man bei einer Sektion gesehen und beobachtet hat«, so heißt es bei *Sushruta,* »und was man theoretisch aus den anatomischen Schriften gelernt hat, soll sich ergänzen. Beides dient der Mehrung von wahrem Wissen« (zitiert nach Thakkur, »Ayurveda«, S. 88).

Eine umfassende Darstellung der Anatomie würde im Rahmen dieser Einführung zu weit führen, doch sollen die wichtigsten Elemente zum Aufbau des menschlichen Körpers im folgenden vorgestellt werden, zumal die meisten von ihnen in der abendländischen Medizin nicht bekannt sind oder einen weniger wichtigen

Stellenwert besitzen. Zuvor wird die Beziehung der fünf Elemente zu den einzelnen Körperorganen erläutert.

Die fünf Elemente im menschlichen Körper

Der menschliche Körper enthält mit seiner grob- und feinstofflichen Zusammensetzung dieselben Bausteine wie das Universum und setzt sich dementsprechend ebenfalls aus den fünf *Mahabhutas* oder Elementen zusammen. Sie stellen verschiedene Wirkungsprinzipien dar, die anhand ihrer Eigenschaften beziehungsweise Qualitäten *(Gunas)* verstanden werden können. Die fünf Elemente sind in den fünf Sinnen ebenso wie in bestimmten Funktionen der Physiologie enthalten. *Akasha,* der Äther, ist durchdringend, leicht, glatt, durchscheinend und entbehrt jeglichen Widerstandes. Das ihm zugeordnete Organ ist das Hörorgan. *Akasha* manifestiert sich aber auch in vielen Hohlräumen des Körpers, beispielsweise im Mund, in der Nase, im Atemtrakt, im Brustraum, in den Kapillaren (den haarfeinen Blutgefäßen), in den Lymphbahnen, Geweben und Zellen.

Vayu, Wind oder Luft, besitzt die Eigenschaften durchdringend, leicht, rauh, trocken, kalt und durchsichtig. Er verkörpert das Element der Bewegung, das sich in den größeren Bewegungen der Muskulatur, dem Herzschlag, dem Ein- und Ausatmen der Lunge, den Bewegungen der Magenwand und des Darmes manifestiert. Auch die sensorischen und motorischen Bewegungen fallen darunter, weshalb ebenfalls das Zentralnervensystem diesem Element zugeordnet ist. Als Sinnesorgan fungiert das Tastorgan, also die Haut. *Tejas,* das Feuer (auch als *Agni* bezeichnet), wirkt verbrennend und verdauend, dient der Erhaltung der Körperwärme und versorgt die einzelnen Körperteile. (Auf den Gesichtspunkt der Verdauung wird im Kapitel über Krankheiten und ihre

Diagnose noch genauer eingegangen.) *Tejas* hat die Eigenschaften durchdringend, leicht, tätig, rauh, trocken, heiß und klar. Das Denk- und das Sehvermögen gehören zu diesem Element.

Die Wirkungsweise des Wassers, Apas, besteht darin, den Körper klebrig, feucht und dicht zu machen sowie seine flüssigen Bestandteile fließend zu halten. Wasser ist dicht, schwer, weich, träge, fließend, feucht, klebrig, kalt und glitschig. Dieses Element manifestiert sich in den Absonderungssäften der Verdauungsorgane und der Speicheldrüsen, in den Schleimhäuten, im Plasma und Zytoplasma sowie in Blut, Fett und Lymphe. Sinnlich wahrnehmbar ist es durch das Geschmacksorgan, die Zunge.

Prithivi, die Erde, besitzt die Eigenschaften groß, dicht, schwer, hart, träge, bewegungslos, rauh, fest, Neigung, nach unten zu fallen, und ist im Geschmack etwas zusammenziehend und süß. Seine Wirkung besteht vor allem darin, den Körper fest, stark, schwer und hart zu machen. Darum gehören alle festen Strukturen des Körpers wie Knochen, Knorpel, Nägel, Muskulatur, Sehnen, Haut und Haare zu diesem Element. Als Geruch wird es mit der Nase sinnlich wahrgenommen.

In allen Organen sind prinzipiell immer alle *Mahabhutas* enthalten, jedoch dominieren jeweils einzelne Eigenschaften. Zum Beispiel hat Blut als Manifestation des Wassers auch eine Verbindung zum Element Luft, weil es sich in ständiger Bewegung befindet, und zum Feuer, weil ihm Wärme innewohnt.

Die Gewebelehre

Der menschliche Körper besteht in ayurvedischer Sicht aus *Dhatus,* was so viel wie »aufbauendes Element« oder »Gewebe« bedeutet. Darunter sind die Grundgewebe zu verstehen, die die Funktionen der verschiedenen Organe, Systeme und lebenswichtigen Teile des Körpers aufrechterhalten. Sie spielen bei der Entwicklung und Ernährung sowie beim Stoffwechsel eine wichtige Rolle. Es gibt insgesamt sieben *Dhatus,* wobei jeder sich vom vorhergehenden ernährt; wenn einer von ihnen gestört ist, so wirkt sich das demnach auf alle folgenden aus.

Der erste oder *Rasa-Dhatu,* den man als Plasma oder Blutplasma bezeichnen könnte, bildet sich bei der Verdauung durch die Umwandlung von Nahrungsmitteln in Körpergewebe. Er enthält die Nährstoffe der verdauten Nahrung und ernährt die Gewebe, Organe und Systeme des Körpers. Den Zustand dieses *Dhati* kann man an der Haut feststellen: Ist sie glänzend, glatt und nur wenig behaart, funktioniert er einwandfrei.

Im Laufe des Transformationsprozesses im menschlichen Körper wird der erste *Dhatu* in den zweiten, in *Rakta-Dhatu* beziehungsweise Blut, umgewandelt. Dieser regelt die Sauerstoffversorgung in allen Geweben sowie lebenswichtigen Organen und sorgt für die natürliche Körper- und Gesichtsfarbe.

Mamsa-Dhatu, das Muskelgewebe, unterhält die Muskulatur und die Haut, bedeckt die empfindlichen, lebenswichtigen Organe, führt die Bewegungen der Gelenke durch und hält die physische Kraft aufrecht. Seine Funktionsfähigkeit läßt sich nach der Zugkraft der Muskeln, aber nicht nach ihrer Masse beurteilen. *Der Medha-Dhat ,* das Fettgewebe, bewirkt die »Schmierung«, die Gleitfähigkeit und Schlüpfrigkeit aller Gewebe und auch die Schweißabsonderung und das ölige Aussehen der Haut. Eine übermäßige Fettansammlung gilt als Krankheit.

Das Fettgewebe transformiert sich zu *Asthi-Dhatu,* den Knochen, die dem Körper Halt verleihen und auch Zähne, Nägel sowie Haare unterhalten. Interessanterweise wurde bereits von *Caraka und Sushruta* eine Zählung der Knochen vorgenommen, die auch nach den Maßstäben der heutigen Medizin korrekt ist, wenn man Zähne und Knorpel nicht mitrechnet.

Der sechste oder *Majja-Dhatu* umfaßt das Knochenmark und die Nerven. Es füllt die Knochenhohlräume aus und ist Vermittler der motorischen und sensorischen Impulse. Als Merkmal eines wohlfunktionieren*den Majja-Dhatus* gelten Anziehungskraft und Ausstrahlung der Augen sowie eine wohlklingende Stimme.

Der Shukra-Dhatu oder Fortpflanzungsgewebe enthält die Bestandteile aller vorausgehenden *Dhatus* und ist für die Fortpflanzung sowie die Bildung von Geschlechtshormonen verantwortlich.

Die sieben *Dhatus* werden als natürliche, fortlaufende manifeste Ordnung aufgefaßt. Ist der Mensch krank, ist also sein Gleichgewicht gestört, so sind immer auch *die Dhatus* davon betroffen.

Die Essenz aus allen Geweben heißt *Ojas*, darunter versteht man die Fähigkeit des Menschen, die soziale Atmosphäre seiner Umwelt wahrzunehmen, also das Gespür, mit dem der Mensch auf die positiven oder negativen Ausstrahlungen anderer reagiert. *Ojas* strahlt auch auf die eigene innere Verfassung eines Menschen aus und drückt sich in seiner Mimik und Haltung aus. Dabei besteht eine Wechselwirkung zwischen der Ausstrahlung eines Menschen auf seine Umwelt und der Art und Weise, wie die Umwelt wiederum seinen Körper beeinflußt. In der Einbeziehung dieser Umweltgesichtspunkte wirkt der Ayurveda ausgesprochen modern.

In enger Verbindung mit den *Dhatus* stehen die *Malas* oder Ausscheidungsprodukte des Körpers. Hierzu zählen Schweiß, Urin und Kot. Ist die Gesundheit gestört, hat dies auch Folgen in bezug auf Menge und Art der Ausscheidungen, die von Ärzten eingehend untersucht werden.

Die Körperkanäle

Der menschliche Körper setzt sich aus unzähligen Kanälen, *Shrotas* (sprich: »schrotas«), zusammen, die den Stoffwechsel der verschiedenen Gewebe aufrechterhalten, indem sie die *Dhatus* transportieren. Auch alle auszuscheidenden Stoffe im Körper werden durch die *Shrotas* geleitet. Alle Kanäle bilden eine Art Gefäßnetz, demzufolge der Mensch nach Meinung einiger ayurvedischer Ärzte nichts weiter als eine Kombination verschiedener *Shrotas* ist. Eine Krankheit besteht in einem übermäßigen oder mangelhaften Fließen, einem Fließen in die falsche Richtung, durch den falschen Kanal oder in einer Blockierung des Flusses.

Die Aufrechterhaltung des richtigen Durchflusses ist somit eine wesentliche Voraussetzung für die Gesundheit und beugt Krankheiten vor. Es gibt folgende *Shrotas:*

1. Die Kanäle, die den Atem *(Prana)* tragen und dem Atemtrakt ähneln,
2. solche, die Nahrung befördern und im wesentlichen mit dem Verdauungstrakt identisch sind,
3. solche, die die Flüssigkeiten befördern oder den Flüssigkeitshaushalt des Körpers regulieren.

Diese drei *Shrotas* regeln die Aufnahme von Substanzen im Körper.

4. Kanäle, die den Plasmaanteil des Blutes sowie des Gewebes tragen und einen besonderen Bezug zum Lymphsystem haben, aber auch zu bestimmten Aspekten des Kreislaufsystems,
5. Kanäle, die das Blut und speziell das Hämoglobin (den Farbstoff der roten Blutkörperchen) transportieren,
6. solche, die das Muskelgewebe versorgen,
7. solche, die das Fettgewebe speisen und den Fettstoffwechsel regulieren,
8. Kanäle, die die *Dhatus* in die Knochen und das Skelettsystem transportieren,
9. solche, die das Knochenmark und das Nervensystem versorgen,
10. Kanäle, die die Samenbildung beziehungsweise das männliche Fortpflanzungssystem regeln.

Diese Shrotas versorgen die sieben *Dhatus.*

Die Ausscheidung der *Malas* oder Abfallprodukte wird von den drei Kanälen für Kot, Urin und Schweiß - letzteres sind die Fett- und Talgdrüsen - geregelt. Außerdem gibt es noch zwei Kanäle im weiblichen Organismus:

14. die Kanäle, die die Menstruation und das weibliche Fortpflanzungssystem unterhalten,
15. die Kanäle, die für die Milchbildung und Absonderung sorgen und einen anderen Aspekt des weiblichen Hormonsystems darstellen.

Schließlich sind besondere Kanäle vorhanden, um den Geist zu nähren und die mentale Energie zu befördern. Sie sind in besonderer Weise mit den *Shrotas für* das Nervensystem und die Fortpflanzung verbunden. In enger Beziehung zu den Körperkanälen stehen die Körperöffnungen des Menschen. Beim Mann sind es neun, und zwar die beiden Ohren, die Augen, der Mund, die beiden Nasenlöcher, der After und die Harnröhre; bei der Frau sind es zwölf, zusätzlich zu den männlichen noch die Vagina und die beiden Brüste.

Lebenswichtige Vitalpunkte

Als Marmas werden die lebenswichtigen Stellen des Körpers bezeichnet, wo Muskeln und Knochen oder Gefäß- und Nervenkreuzungen zusammentreffen und sich vermischen. Man könnte sie auch »Schnittpunkte« oder »Knotenpunkte« nennen, wobei »Knoten« hier im übertragenen Sinne zu verstehen ist. Sie sind darum bedeutsam, weil sie bei Operationen vom Chirurgen keinesfalls verletzt werden dürfen. Insgesamt gibt es 107 *Marmas:* 11 jeweils in Armen und Beinen, 12 in Leib und Brust, 14 im Rücken und 37 in Kopf und Hals.

Die Marmas werden nach Art und Auswirkung ihrer Verletzung eingeteilt. Es gibt lebensgefährliche, deren Verletzung zum sofortigen und unmittelbaren Tod führt, dazu gehören zum Beispiel After, Herz, Blase und Nabel. Bei anderen können die Verletzungen zwar lebensgefährlich sein, doch tritt der Tod erst nach einer geraumen Weile ein, dies ist beispielsweise bei den fünf Schädelnähten der Fall. Bei einer dritten Gruppe von *Marmas* ist das Entfernen eines eingedrungenen Fremdkörpers tödlich; dies trifft auf die Stelle oberhalb der Schläfen zu. Die Verletzung einer weiteren Gruppe bewirkt die Lähmung, die Verunstaltung oder den Verlust des betreffenden Körperteils. Wenn zum Beispiel die Nasenflügel fehlen, geht der Geruch verloren. Die letzte Gruppe umfaßt die *Marmas,* die bei einer Verletzung lediglich stark schmerzen; dazu gehören unter anderem die Fußballen sowie die Fuß- und Handknöchel.

Interessant ist die Beziehung der Marmas zu den asiatischen Kampfsportarten. Zum Beispiel ist im Jiu-Jitsu (im Sanskrit *Yuyutsu)* das Wissen um die verletzbaren Punkte des Gegners wichtig für den Kämpfer.

Der
menschliche Organismus
und seine
Beziehung zur Umwelt

Die drei Regulationsprinzipien

Das Herzstück der ayurvedischen Medizin ist die sogenannte *Tridosha-Lehre* (sprich: »tridoscha«), die erfahrungsgemäß für den abendländischen Menschen besonders schwer zu verstehen ist. Die indische Philosophie geht davon aus, daß der menschliche Körper genauso aufgebaut ist wie das Universum: wie der Mikrokosmos, so der Makrokosmos. Denn der Mensch enthält in seiner grob- und feinstofflichen Zusammensetzung dieselben fünf Elemente und dieselben drei *Gunas* wie die übrige Welt.

Für die Aufrechterhaltung der seelischen und körperlichen Funktionen sind die den *Trigunas* (vgl. Erläuterungen im dritten Kapitel) entsprechenden *Tridoshas* maßgeblich, und zwar *Vayu* (sprich: »waju«), auch *Vata* (sprich: »wata«) genannt, *Pitta und Kapha. Die Tridoshas* (»tri« bedeutet »drei«, und *»dosha«* heißt »Fehler« oder »Übel«) werden im Zustand des Gleichgewichts bzw. der Gesundheit auch als *Tridhatus* bezeichnet *(»dhatu«* bedeutet »Gewebe«). Mit ihnen sind prinzipiell alle Krankheiten - und nicht nur diese - beschreibbar und erfaßbar.

Die Begriffe *Vata, Pitta und Kapha* werden oft wörtlich mit »Wind«, »Galle« und »Schleim« übersetzt, was jedoch recht mißverständlich und nicht mehr als ein vager Hinweis auf deren Bedeutung ist. *»Vata«* ist verwandt mit dem Verb »bewegen«

und meint das Prinzip der dynamischen Kraft; unter *»Pitta«*, verwandt mit »erhitzen«, sind die metabolischen Aktivitäten beziehungsweise der Stoffwechsel zu verstehen; *und »Kapha«*, verbunden mit dem Verb »zusammenhalten«, bezeichnet das Prinzip der statischen Energie, die dem Körper Festigkeit, Stabilität und Stärke verleiht.

Wichtig zum Verständnis des menschlichen Körpers und der *Tridosha-Lehre* ist, daß *Vata, Pitta und Kapha* weder sichtbar noch sonst in irgendeiner Weise sinnlich erfaßbar sind. Gleichwohl sind sie mit den Funktionen verschiedener Organe und der Konstitution des menschlichen Körpers aufs engste verbunden. Sie werden als wesentliche und elementare Regulationsprinzipien betrachtet und stützen ihn ebenso, wie Säulen einen Tempel tragen. Die *Tridoshas* lassen sich am besten folgendermaßen charakterisieren: Sie sind

1. biologische Systeme, die sich in den Mikrostrukturen des Kör pers und in anderen organischen Substanzen manifestieren,
2. Grundkonstituenten, die den Aufbau des menschlichen Körpers ebenso wie seine Biorhythmen bestimmen, und
3. untereinander abhängige funktionelle biologische Mechanismen.

Vata, Pitta und Kapha regeln die Entstehung, die Erhaltung und die Zerstörung des Körpergewebes, die Ausscheidung der Abfallprodukte und auch die Emotionen.

Lokalisation und Funktion der *Tridoshas*

Die Tridoshas entstehen aus den *Mahabhutas,* den fünf Grundelementen Äther, Luft, Feuer, Wasser und Erde; sie stellen gewissermaßen deren Manifestation dar und sind ihnen auf folgende Weise zugeordnet:

Elemente		*Tridosha*
Äther, **Luft**	}	***Vata***
Feuer, **Wasser**	}	***Pitta***
Wasser, **Erde**	}	***Kapha***

Von den drei Regulationsprinzipien ist *Vata* das wichtigste, denn es gibt keine Funktion des Körpers oder des Geistes, die nicht von ihm gesteuert wird. *Vata* kann auch auf *Pitta und Kapha* einwirken. Mit *Vata* werden im allgemeinen die Eigenschaften trocken, kalt, licht, subtil, unstetig, klar und rauh verbunden. Im Körper ist dieses Regulationsprinzip folgendermaßen lokalisiert:

1. *Prana-Vata:* in Kopf, Herz, Sinnesorganen, Atemtrakt und Atemzentrum sowie Sprechapparat;
2. *Udana-Vata:* zwischen Brustkorb und Hals;
3. *Samana-Vata:* im Unterleib innerhalb des großen Beckens,
4. *Vyana-Vata* (sprich: »vjana«): im Herzen als Antrieb für den Kreislauf;
5. *Apana-Vata:* im kleinen Becken.

Vata ist der Sammelbegriff für alle Phänomene, die sich auf die Aktivität des zentralen, vegetativen und peripheren Nervensystems zurückführen lassen, darunter fällt alles, was der Auslöser von Bewegungs- und Aktionsprozessen im Körper ist. Im einzelnen hat *Vata* folgende Funktionen:

Das Prana-Vata steuert den Intellekt. Im Herzen sorgt es für einen normalen Herzschlag. Ist dieser zu schnell oder zu langsam oder werden bestimmte Reize nicht ans Gehirn weitergeleitet, so liegt eine Störung vor. Außerdem kontrolliert *Prana-Vata* den Geist und die Konzentrationsfähigkeit.

Das Udana-Vata regelt das Sprechen, weshalb eine Störung zum Beispiel zu Stottern oder undeutlicher Aussprache führen kann. Weiterhin ist es für Durchhaltevermögen, Ausdauer und Anstrengung verantwortlich, daneben auch für Energie, Kraft und Enthusiasmus im körperlichen und geistigen Bereich sowie als Stimulans für *Kapha.* Es wirkt auch als Impulsgeber für die Gesichtsfarbe. Fehlfunktionen im Gedächtnis verweisen auf ein gestörtes *Udana.*

Das Samana-Vata regelt den Verdauungsprozeß vom Magen bis zum Blinddarm und stimuliert den Dünndarm. Zwar wird die eigentliche Verdauungsarbeit von *Pitta* geleistet, muß aber von *Samana* in Gang gesetzt werden. Es ist auch für die Aufnahme verdaulicher Stoffe in den Körper und die Abgabe unverdaulicher Stoffe zuständig.

Das Vyana-Vata steuert alle Funktionen des Herzens und des Kreislaufs; dementsprechend sind Kreislaufstörungen auf eine Fehlfunktion dieses Prinzips zurückzuführen. Weiterhin gehören alle Formen der Bewegung dazu, zum Beispiel das Aufheben und Absetzen von Sachen oder Körperteilen wie das Beinheben und -senken beim Treppensteigen, außerdem das Öffnen und Schließen der Augen.

Durch das *Apana-Vata* wird der Menstruationszyklus gesteuert, die Entwicklung des Fötus gefördert und der Samenerguß stimuliert. Außerdem regelt es den Stuhlgang, trennt feste und flüssige Nahrungsbestandteile und sorgt für die Ausscheidung der flüssigen Stoffe. Die Ursache für Verstopfung liegt also in einem gestörten *Apana-Vata.*

Im Bereich der Emotionen und Empfindungen unterstehen dem *Vata* Emotionen wie Frische, Nervosität, Furcht, Zittern und Krämpfe.

Ist das *Vata-Dosha* im Gleichgewicht, also voll funktionstüchtig, so zeigt sich dies insgesamt an einer gehobenen Stimmung, einem klaren, wachen Geist, einem guten Funktionieren von Ausscheidungen und Blasenentleerung, an einem harmonischen Verhältnis aller Körperbestandteile, einem gesunden Schlaf und einer hervorragenden Vitalität.

Pitta hat, da es mit dem Element Feuer in Verbindung steht, etwas mit Verbrennungsvorgängen zu tun und regelt dementsprechend Körperwärme, Verdauung und Temperatur. Insgesamt gesehen, sorgt es für das Gleichgewicht zwischen Wärmeproduktion und Energieausschöpfung, also für den Stoffwechsel. Ihm werden die Eigenschaften zähflüssig, scharf, heiß, leicht, von fleischigem Geruch, fließend und flüssig zugeordnet.

Die fünf Pitta-Prinzipien sind folgendermaßen lokalisiert:

1. *Pacaka-Pitta* (sprich: »patschaka«): im Zwölffingerdarm,
2. *Ranjaka-Pitta* (sprich: »randjaka«): in Leber und Milz,
3. *Sadhaka-Pitta:* in Herz und Hirn,
4. *Alocaka-Pitta* (sprich: »alotschaka«): in den Pupillen,
5. *Bhrajaka-Pitta* (sprich: »bradjaka«): in der Haut.

Das Pacaka-Pitta wird durch das *Samana-Vata zur* Sekretion stimuliert und dient damit der Umsetzung der Speisen sowie ihrer Trennung in brauchbare und unbrauchbare Stoffe. Letztere werden an den Dickdarm abgegeben.

Das Ranjaka-Pitta ist für die Blutbildung und -färbung zuständig, während das *Sadhaka-Pitta* den Menschen frei atmen läßt und zusammen mit *Prana-Vata die* Fähigkeit hat, alles zur Entfaltung und Erfüllung zu bringen. Es ist ebenfalls für die Intelligenz verantwortlich und für das Selbstvertrauen als die Möglichkeit, sich selbst in Frage zu stellen. Dazu gehört auch die Übernahme von Verantwortung sowie das Vertrauen in die eigenen Fähigkeiten.

Das Alocaka-Pitta steuert die Funktionsfähigkeit der Augen beziehungsweise der Pupillen. Das Auge wird auch als Mittler des Geistes verstanden, denn es sorgt für die Aufnahme der Informationen.

Das Bhrajaka-Pitta kontrolliert die Geschmacksempfindungen. Wenn sie gestört sind, ist die Haut fahl oder rauh, und die Nägel sind unregelmäßig und gespalten-, funktionieren sie einwandfrei, so ist die Haut glatt, weich und rosig.

In psychologischer Hinsicht erweckt *Pitta* entweder Verständnis oder Zorn, Haß und Eifersucht. Ein gut funktionierendes *Pitta* zeigt sich in einer positiven Ausstrahlung, Zufriedenheit, perfekter Verdauung, einem ausgewogenen Flüssigkeitshaushalt und einem ausgewogenen Intellekt.

Kapha hat, entsprechend den Elementen, aus denen es zusammengesetzt ist, einen wäßrigen und erdhaften Charakter. Es hält die Bestandteile des Körpers fest zusammen und bildet das Material für die körperliche Struktur. Somit sorgt es für Stabilität, Festigkeit, Flexibilität und Geschmeidigkeit. Zu den wichtigsten Aufgaben gehören der Aufbau aller Zellen bis hin zum Skelett, die Formung der Gelenke, die körperliche und seelische Kraft sowie die Widerstandsfähigkeit gegen Krankheiten. *Kapha* werden die Qualitäten schwer, kalt, weich, viskos, süß, stabil und schleimig zugeordnet. Es befindet sich in den folgenden Körperregionen:

1. *Kledaka-Kapha:* im Magen,
2. *Avalambaka-Kapha* (sprich: »awa-Iambaka«): in Herz und Brust,
3. *Bodhaka-Kapha:* in der Zunge,
4. *Tarpaka-Kapha:* im Kopf,
5. *Shlesaka-Kapha* (sprich: »schlesaka«): in allen Gelenken.

Das Kledaka-Kapha dient der Zerkleinerung der Speiseteile im Mund und löst die Nahrung in Speichel und Magen auf.

Das Avalambaka-Kapha unterstützt das Herz bei der Aufrechterhaltung seiner Kraft und gewährleistet damit dessen Belastbarkeit. Außerdem gibt es dem Körper Stabilität.

Das Bodhaka-Kapha steuert die Wahrnehmung der verschiedenen Geschmacksrichtungen. Bei einer Fehlfunktion können süß, sauer, salzig, scharf, bitter und zusammenziehend nicht mehr richtig voneinander unterschieden werden.

Das Tarpaka-Kapha hält die Kraft des Gehirns aufrecht, während das *Shlesaka-Kapha* die »Schmiere« (Lubrikation) steuert, und zwar nicht nur an den Gelenken zwischen den Knochen, sondern auch zwischen allen Zellen. Sind die Zwischenräume der Haut nicht mit genügend *Shlesaka-Kapha* gefüllt, so entstehen Risse. Fehlt es den Gelenken an »Schmiere«, so kann es zu schmerzhaften Krankheiten wie Arthritis kommen.

Im psychologischen Bereich steuert *Kapha* positive Gefühle wie Ruhe, Vergebung und Liebe sowie negative wie Neid, Besitzgier und Ergebenheit. Ein ausgeglichenes *Kapha* äußert sich in Stärke, Kraft, normaler Funktionsfähigkeit der Gelenke, Beständigkeit des Geistes, einem mitfühlenden Wesen, guten Proportionen, Mut und Vitalität.

Die Bestimmung der Konstitutionstypen

Vata, Pitta und Kapha lenken, wie bereits erwähnt, nicht nur die Tätigkeit der verschiedenen Organe des Körpers, sondern bestimmen auch die psychophysische Konstitution des Menschen. Entsprechend den *drei Doshas* werden drei Konstitutionstypen unterschieden; daneben gibt es noch die Mischtypen *Vata-Pitta, Vata-Kapha, Pitta-Kapha* sowie *Vata-Pitta-Kapha,* also insgesamt sieben Typen. Bei den Mischtypen sind mehrere *Doshas* in unterschiedlicher Stärke vorhanden. Strenggenommen gibt es auch keinen »reinen« Typ, denn in jedem Menschen sind alle Elemente vorhanden, nur sind sie unterschiedlich gewichtet. Bei den drei scheinbar reinen Typen hat das jeweils betreffende *Dosha* den größten Anteil. Die Konstitutionstypen, *Prakriti* genannt, (was auch soviel wie »Natur« oder »Kreativität« bedeutet) beeinflussen unter anderem den Körperbau eines Menschen, seine Statur, seine psychische Verfassung und seine Vorlieben in der Wahl der Nahrung.

Die Bestimmung der Konstitution ist wesentlicher Bestandteil der ayurvedischen Diagnose und für eine Therapie unerläßlich. Darin liegt auch einer der zentralen Unterschiede zur westlichen Schulmedizin: Während es ihr nur darum geht, eine bestehende Krankheit zu diagnostizieren, ist die ayurvedische Medizin der Auffassung, daß die Bestimmung einer Krankheit ohne Kenntnis des Konstitutionstyps nutzlos ist. Denn Medikamente oder Therapien können bei den verschiedenen Typen sehr unterschiedliche Wirkungen hervorrufen; was im einen Fall nützlich und hilfreich ist, kann im anderen Fall nutzlos, schlimmstenfalls sogar schädlich sein. Die Behandlung einer Krankheit ohne Kenntnis des Konstitutionstyps bekämpft nach ayurvedischer Ansicht nur die Wirkung, aber nicht die Ursache eines Übels, dessen Wurzel immer in einem Verlust des Gleichgewichts zwischen den *Tridoshas* besteht (Näheres dazu im nächsten Kapitel).

Der Konstitutionstyp bleibt zeitlebens konstant und wird nach ayurvedischer Auffassung zum Zeitpunkt der Empfängnis festgelegt. Dabei spielen die Umstände des Zeugungsaktes - Jahreszeit, Klima und psychische Verfassung der Eltern - eine ausschlaggebende Rolle.

Der Leser mag sich in der einen oder anderen folgenden Beschreibung der Konstitutionstypen wiedererkennen, dennoch kann eine fachgerechte Bestimmung des Typs nur von einem ayurvedisch vorgebildeten Arzt vorgenommen werden. Auch gilt es zu bedenken, daß die verschiedenen Typen und ihre Eigenschaften weder positiv noch negativ zu bewerten, sondern einfach als neutral anzusehen sind. Zwar kann es manchmal so scheinen, als ob der eine oder andere Typ mehr »gute« oder mehr »schlechte« Eigenschaften aufweist, doch wird dieser Eindruck nur durch die Unmöglichkeit hervorgerufen, die Sanskrit-Begriffe adäquat ins Deutsche (oder eine andere moderne Sprache) zu übersetzen. Viele der scheinbar »schlechten« Eigenschaften müssen deshalb vor dem Hintergrund der Eigenschaften der anderen Typen relativiert werden. Menschen mit einem *Vata-Prakriti* wirken vom Körperbau her unterentwickelt: Sie haben einen schlanken und schmalen Körper, sind oft flachbrüstig, und ihre Muskulatur ist schwach entwickelt, so daß ihre Knochen und Gelenke hervorstehen. Ihr Haarwuchs ist lockig und spärlich, und die Augenwimpern sind dünn. Die Augen wirken glanzlos und können tiefliegend sein. Die Haut ist rauh und trocken, ebenso die Nägel. Die Nasenform ist gebogen.

Vata-Typen haben eine Vorliebe für süße, saure und salzige Speisen. Ihr Appetit ist wechselhaft, und sie essen unregelmäßig, manchmal auch überhastet. Dementsprechend ist auch die Verdauung unregelmäßig. Der Stuhl ist oft hart, was eine Neigung zur Verstopfung verrät. Menschen dieses Typs frieren leicht und haben ein großes Wärmebedürfnis. Sie leiden häufig unter Schlafstörungen.

In psychologischer Hinsicht verfügen sie über eine schnelle Auffassungsgabe, verbunden mit einem kurzen Gedächtnis. Vata-Menschen haben wenig Willenskraft, neigen zu psychischer Labilität und Konzentrationsschwäche. Trotz ihrer Leistungsfähigkeit und ihrer vielseitigen Interessen halten sie einer Belastung nicht lange stand. Sexuell empfinden sie nach ayurvedischer Auffassung wenig und haben daher auch wenig Kinder. Menschen dieses Typs sind meist gesprächig, kreativ und aktiv, andererseits aber auch schnell von Angst, Zorn, Sympathie oder Antipathie erfüllt. In ihrem Verhalten zur Umwelt neigen sie dazu, ihr Geld schnell zu verdienen und ebenso schnell wieder auszugeben.

Menschen der Konstitution *Pitta-Prakriti* sind von mittlerer Statur und schlank, haben eventuell auch einen zarten Knochenbau, aber insgesamt eine kräftigere Muskulatur als Vata-Typen. Ihr Teint ist kupferfarben, gelblich, rötlich oder hell; typisch sind Sommersprossen und Muttermale. Die Haut ist glänzend weich und warm, das Haar dünn, seidig, rot oder bräunlich mit einer Neigung zu vorzeitigem Ergrauen, Haarausfall und Glatzenbildung. Die Nasenform ist ausgeprägt und gerade, die Nasenspitze oft rötlich. Pitta-Menschen haben einen starken Stoffwechsel, schwitzen viel, essen viel und verfügen dementsprechend über eine gute Verdauung mit großen Ausscheidungsmengen. Ihre Vorliebe gilt Speisen mit süßem, bitterem und zusammenziehendem Geschmack. Physisch vertragen sie weder Hitze noch harte Arbeit besonders gut.

Psychologisch gesehen, sind sie überdurchschnittlich intelligent, scharfsinnig, gute Redner und können gut organisieren. Sie verfügen über ein gutes Gedächtnis und entscheiden in jeder Situation schnell, was zu tun ist, wobei sie ihre Handlungen konsequent zu Ende bringen. Ihre Sprache ist klar und treffend, allerdings oft auch scharf oder aggressiv. Dementsprechend gelten Pitta-Menschen auch als ungeduldig, reizbar und jähzornig. Sie neigen außerdem zu Haß und Eifersucht, zu Intoleranz und Vorurteilen. Auf der anderen Seite aber sind sie auch experimentierfreudig, ehrgeizig, unternehmungslustig und übernehmen gerne verantwortungsvoll die Führung. Finanziell leben sie in gesunden Verhältnissen und zeigen auch gerne anderen Menschen ihren Wohlstand.

Von allen drei Typen haben Menschen mit einem *Kapha-Prakriti* den ausgeprägtesten Körperbau. Ihr Körper kann massig oder schwer sein, hat in jedem Fall aber eine ausgeprägte Muskulatur, einen gedehnten, weiten Brustkorb und gut proportionierte Gliedmaßen. Die Hautfarbe ist hell, die Haut weich, glänzend und ölig, manchmal auch kalt und blaß. Das Haar ist kräftig, dunkel, weich und gewellt; es wächst dicht sowie schnell und neigt weder zu Haarausfall noch zu Glatzenbildung. *Kapha- Typen* verfügen zwar über viel Kraft, Ausdauer und Durchhaltevermögen, vermeiden aber dennoch unnötige Bewegungen, weil sie lieber ruhig sitzen. Ihre Bewegungen sind langsam. Menschen dieses Typs haben eine gute sowie langsame Verdauung und essen dementsprechend auch langsam. In Übereinstimmung mit ihren ausgeprägten Verdauungsfunktionen brauchen sie nur wenig Nahrung zu sich zu nehmen-, halten sie sich aber nicht daran, haben sie schnell mit Gewichtsproblemen zu kämpfen. Ihre Vorliebe gilt Nahrungsmitteln mit scharfem, bitterem und zusammenziehendem Geschmack. Während Pitta-Typen nur ein mäßiges sexuelles Empfinden haben, ist dies bei Kapha-Typen stark ausgeprägt, und sie leben ihre Sexualität auch gerne aus. Gegenüber Schmerz und Müdigkeit sind sie resistent und brauchen nicht viel Schlaf, wenn sie auch gerne schlafen.

In psychischer Hinsicht verfügen Kapha-Menschen über eine starke Lebenskraft und haben von allen drei Typen die höchste Lebenserwartung. Sie sind ebenso intelligent wie *Pitta*-Typen, brauchen aber zur geistigen Verarbeitung des Gelernten längere Zeit, entsprechend verfügen sie über ein gutes Langzeitgedächtnis. Entscheidungen werden lange überdacht, dann aber besonnen getroffen. Ihre Sprache ist langsam und klar. Positive Merkmale wie Toleranz, Ruhe, Vergebung und Liebe sind ihnen eigen, und sie gelten im allgemeinen als gesund, glücklich und friedlich. Andererseits legen sie aber auch Gier, Neid, Ergebenheit und Besitzgier an den Tag. Kapha-Menschen sind oft reich, weil sie es verstehen, ihr verdientes Geld auch festzuhalten.

Die Wirkungsweise von *Vata, Pitta* und *Kapha* und deren Einfluß auf Körper und Seele des Menschen wurde mittlerweile auch von den Methoden abendländischer Wissenschaft bestätigt.

Die Biorhythmen

Entsprechend der Ansicht, daß der Mikrokosmos genauso wie der Makrokosmos gestaltet ist, beeinflussen die *Tridoshas* nicht nur den Menschen und seine Organe, sondern sind auch mit den sich wiederholenden zeitlichen Rhythmen, den Tages-, Jahres- und Lebenszeiten, eng verbunden. Somit stehen wir vor dem erstaunlichen Phänomen, daß die bei uns als so modern geltende medizinische Disziplin der Chronobiologie, die sich mit diesen Rhythmen und ihrer Beziehung zum Menschen befaßt, in der ayurvedischen Medizin bereits seit einigen tausend Jahren existiert.

In den verschiedenen Tages- und Jahreszeiten wechseln Hitze und Kälte, Trockenheit und Feuchtigkeit, Klima und Temperatur, so daß sich mit ihnen auch die biologischen Systeme wie die Pflanzen - als Nahrungsmittel oder als Medikamente - und Menschen verändern. Über die Biorhythmen der Natur ist der Mensch also mit seiner Umwelt verbunden.

Der Tag läßt sich in sechs Abschnitte gliedern: Vom Sonnenaufgang bis 10 Uhr morgens ist die *Kapha*Zeit; entsprechend den Eigenschaften von *Kapha* fühlt man sich zu dieser Zeit frisch und energiegeladen, aber auch ein wenig schwer. Am Vormittag vollzieht sich langsam der Wechsel zu *Pitta,* das zwischen 10 und 14 Uhr seinen Höhepunkt erreicht. Zu dieser Zeit fühlt man sich hungrig, leicht und heiß. Von 14 Uhr bis zum Sonnenuntergang ist *Vata* aktiv, von 18 bis 22 Uhr wieder *Kapha.* Zwischen 22 und 2 Uhr morgens, wenn die Nahrung verdaut wird, liegt die Hauptzeit von *Pitta.* Vor dem Sonnenaufgang herrscht dann wieder *Vata* vor, und entsprechend den *vata*typischen Eigenschaften beginnt der Mensch zu dieser Zeit mit seinen Aktivitäten. Der Ayurveda empfiehlt, den individuellen Tagesplan diesen

Rhythmen anzupassen, also unter anderem früh aufzustehen und früh zu Bett zu gehen sowie spät abends nichts mehr zu essen. Hält man sich nicht an diese Rhythmen, so kann dies unter Umständen für die Gesundheit nachteilig sein, weil die Biochemie des Körpers gestört wird.

Der jahreszeitliche Bezug zu den *Tridoshas* sieht folgendermaßen aus: Von Dezember bis Februar herrscht *Kapha* vor, in den ersten Frühjahrsmonaten vollzieht sich dann langsam der Wechsel zu *Pitta,* das im Sommer von Juni bis August seinen Höhepunkt erreicht. Der Herbst von September bis November schließlich ist *Vata*-Zeit. Da die verschiedenen Zeiten jeweils einen bestimmten Einfluß auf die menschlichen Organe ausüben, sind manche Krankheiten für manche Jahreszeiten besonders typisch. In der *Kapha*-Zeit zum Beispiel ist der Mensch anfällig für *kapha*typische Krankheiten wie Erkältungen, Husten, Bronchitis; diese Krankheiten haben mit dem Flüssigkeitshaushalt des Körpers zu tun, und *Kapha* hat ja, wie erläutert, einen wäßrigen Charakter. Wenn die im Körper angesammelte Flüssigkeit bis zur *Pitta*-Zeit ausgetrocknet ist und sich die Hitze im Körper vermehrt, treten typische *Pitta*-Störungen auf, die mit dem Element Feuer in Verbindung stehen, nämlich unter anderem Sonnenbrand, Hautausschläge und Sommerdurchfall. Solchen Krankheiten kann durch richtige Ernährung vorgebeugt werden (vgl. dazu das letzte Kapitel).

Bei den Zyklen des menschlichen Lebens können drei Abschnitte unterschieden werden: Kindheit, Erwachsenenalter und Alter. In der Kindheit herrscht *Kapha* vor, und bekanntlich leiden Kinder auch besonders an den *kapha*typischen Krankheiten. Das Erwachsenenalter vom 16. bis 50. Lebensjahr ist die *Pitta*-Zeit und das Alter schließlich die *Vata*-Zeit mit seinen typischen Störungen wie Abmagerung, Arthritis, Gedächtnisverlust und Faltenbildung der Haut.

Krankheiten und ihre Diagnose

Die Entstehung von Krankheiten

Aus ayurvedischer Sicht ist eine Krankheit nicht einfach das Vorhandensein schädlicher Viren oder Bakterien im menschlichen Körper, wie es die abendländische Schulmedizin annimmt, sondern vielmehr eine Störung des Gleichgewichts von Körper, Seele und Geist, die sich in einer Störung der *Tridoshas äußert.* Erst die aus dem Gleichgewicht geratenen *Tridoshas* führen zur Entwicklung von Viren und Bakterien. Dementsprechend zielt eine medizinische Behandlung im Ayurveda nicht so sehr auf die Beseitigung oder Abtötung der Krankheitserreger ab als auf die Wiederherstellung des Gleichgewichts. Ist dies gelungen, findet »automatisch« ein Abbau der schädlichen Substanzen im Körper statt, und zwar mit Hilfe der körpereigenen Selbstreinigungstendenz.

Es ist einleuchtend, daß diese ganzheitliche Behandlung des Patienten langfristig wirkungsvoller sein muß als das bloße Therapieren der Krankheitssymptome. Denn wenn die Ursache nicht erkannt wird, kann eine Krankheit selbst bei vorübergehender Beseitigung oder Eindämmung der Viren oder Bakterien wieder ausbrechen, weil erneut Krankheitserreger im Körper gebildet werden. Und in der Tat kennt die Schulmedizin viele Fälle dieser Art, zum Beispiel in der Behandlung von Krebs (mehr dazu im letzten Kapitel).

Der Zustand der Gesundheit ist nach ayurvedischer Sicht dann vorhanden, wenn nicht nur ein Gleichgewicht von Körper, Seele und Geist vorherrscht, sondern

- die fünf Sinne normal funktionstüchtig sind,
- Schweiß, Harn und Stuhl in ausreichender Menge vom Körper ausgeschieden werden,
- *Vata, Pitta* und *Kapha* sowie
- *Agni,* das »Verdauungsfeuer«, im Gleichgewicht sind.

Auf die letzten beiden Punkte soll im folgenden genauer eingegangen werden.

Der Verlust des seelisch-körperlichen Gleichgewichts

Agni, die Hitzeenergie, die Nahrungsmittel in Körpergewebe umwandelt, ist verwandt mit *Pitta,* genauer gesagt ist *Agni in Pitta* enthalten. Außerdem ist *Agni* mit Vata verbunden, denn die Luft im Körper entfacht das Feuer. *Agni* ist in jeder Zelle vorhanden und für die Aufrechterhaltung der Ernährung des Gewebes und des Immunsystems verantwortlich.

Solange *Agni* intakt ist, wird die Nahrung im Körper auf rechte Weise zersetzt, aufgenommen und assimiliert, denn der Stoffwechsel und auch das Enzymsystem hängen völlig von seiner Funktionstüchtigkeit ab. *Agni* vernichtet Mikroorganismen, fremde Bakterien und Toxine (Giftstoffe) im Magen, Dünndarm und Dickdarm.

Ein gut funktionierendes *Agni* führt zu Langlebigkeit, Intelligenz und einem guten Auffassungsvermögen. Ist das »Feuer« jedoch aus dem Gleichgewicht geraten, so kann dies üble Folgen haben: Bestandteile der Nahrung bleiben unverdaut, so daß sie sich im Dickdarm ansammeln und in eine toxische (giftige) Substanz, *Ama*, verwandeln. *Ama* verstopft zunächst die Därme und andere Kanäle des Körpers wie die Kapillaren sowie Blutgefäße und bildet dann seinerseits neue Toxine, die ins Blut und anschließend in den Kreislauf gelangen. Die Giftstoffe sammeln sich schließlich an den Schwachstellen des Körpers, wo sie weitere Verstopfungen, Stagnationen und Schwäche der Organe sowie eine Herabsetzung der Immunfunktion bewirken. Zuletzt manifestieren sich Krankheiten wie Arthritis, Diabetes, Herzleiden und andere. Die Schwäche des Immunsystems kann auch Allergien auslösen.

Ama entsteht immer dann, wenn *Agni* entweder zu langsam oder zu schnell arbeitet, denn beides ist gleichermaßen schädlich. Bei einer Überaktivität findet eine übermäßige Verbrennung und »Verheizung« der Nahrungsbestandteile statt, was zur Abmagerung und Herabsetzung der Abwehrkräfte führt. Außerdem kann *Ama* durch negative Emotionen entstehen: Unterdrückter Ärger und Zorn zum Beispiel wirken sich negativ auf Gallenblase, Gallengänge und Dünndarm aus, während Angst die Dickdarmflora verändert und schmerzhafte Blähungen verursacht, die oft als Herz- oder Leberstörungen fehldiagnostiziert werden. Bei unterdrückten *Kapha*-Emotionen wie Ergebenheit und Gier kann es zu allergischen Reaktionen auf *kapha*typische Nahrungsmittel, alle Milchprodukte, kommen.

Aus diesen Gründen empfiehlt der Ayurveda, weder körperliche Bedürfnisse wie Husten, Niesen oder Stuhlgang zu unterdrükken noch Emotionen zurückzuhalten. Negative Gefühle soll man beobachten und dann loslassen, damit sie sich auflösen.

Außer der Störung von *Agni,* die prinzipiell jeden Konstitutionstypus betreffen kann, gibt es Krankheiten, die jeweils typisch für *Vata, Pitta oder Kapha sind.* Ebenso wie bei *Agni* kann auch bei den *Tridoshas der* Grund für den Verlust des Gleichgewichts sowohl in einer Vermehrung als auch in einer Verminderung bestehen.

Eine schädliche Vermehrung von *Vata* wird verursacht durch jede Art von Maßlosigkeit, sei es im Sport, beim Essen - durch übermäßige oder unregelmäßige Nahrungsaufnahme oder durch zu langes Fasten - oder durch übertriebene geistige Anstrengungen. Außerdem regen die kalte, regenreiche Jahreszeit, die Abend- und Nachtstunden sowie das Alter *Vata* an, so daß in diesen Zeiten besonders *Vata*-Menschen zu Krankheiten neigen. Zu den Krankheitssymptomen gehören unter anderem Steifheit, rauhe Haut, Nervosität, Blähungen, Schüttelfrost, Heiserkeit, Taubheit, Trockenheit, Durst und Niedergeschlagenheit, die je nach Körperregion folgende Krankheiten bewirken können:

1. *im Prana-Vata:* Schluckauf, Asthma, Husten,
2. *im Udatia-Vata:* Hals-, Nasen- und Ohrenerkrankungen,
3. *im Saniana-Vata:* Blähungen und Schmerzen im unteren Abschnitt der Wirbelsäule,
4. *im Vyana-Vata:* Kreislauferkrankungen und
5. *im Apana-Vata:* Blasen- und Dickdarmerkrankungen sowie Ischias.

Pitta wird angeregt durch ungenügende Verdauung, Ärger, Kummer, körperliche Anstrengung, durch Genuß von übermäßig bitteren, sauren, salzigen, trockenen Nahrungsmitteln, Fisch oder Hammelfleisch und durch zu langen Aufenthalt in Sonne oder

Hitze. Weiterhin verursachen Sommer und Herbst, die Mittags- und Mitternachtsstunde sowie das mittlere Lebensalter eine Vermehrung dieses *Doshas. Pitta*typische Symptome sind Schweißausbrüche, Rastlosigkeit, Blässe, Ohnmacht, Durst und ein Verlangen nach kalten Dingen. Im einzelnen können folgende Krankheiten ausbrechen:

1. *im Pacaka-Pitta:* Verdauungsstörungen und Hitze empfinden,
2. *im Ranjaka-Pitta:* Leber- und Gallenstörungen, Magenüber- säuerung und -geschwüre,
3. *im Sadhaka-Pitta:* eine Zerstörung des Vorstellungsvermögens, Schlagfluß und Apathie,
4. im *Alocaka-Pitta:* eine Verminderung der Sehkraft und
5. *im Bhrajaka-Pitta:* Hautkrankheiten wie Nesselsucht und Ausschläge.

Kapha wird durch einen Bewegungsmangel, zum Beispiel bei einer überwiegend sitzenden Tätigkeit, angeregt, des weiteren durch Schlafen während des Tages, durch übermäßigen Genuß von süßen, sauren oder salzigen Nahrungsmitteln und Milchprodukten. Außerdem bewirken Winter und Frühjahr, der Vormittag und die Kindheit ein Anschwellen von *Kapha.* Symptome für eine Vermehrung dieses *Doshas* sind ein Gefühl der Schwere und der Benommenheit, Juckreiz, Schläfrigkeit und Gebrechlichkeit. Es können folgende Krankheiten resultieren:

1. *im Kledaka-Kapha:* Verdauungsstörungen, eine Weißfärbung von Urin und Kot,

2. *im Avalambaka-Kapha:* Bronchitis, Lungen-, Mandel- und Nebenhöhlenentzündungen,
3. *im Bodhaka-Kapha:* eine Verminderung des Geschmackssinns,
4. *im Tarpaka-Kapha:* ein Verlust des Gedächtnisses und eine Verminderung der Sinneswahrnehmungen sowie
5. *im Shlesaka-Kapha:* schwere Gelenke und Gelenkerkrankungen.

Bei der Aufzählung der Gründe für eine Störung der *Tridoshas* wurden jeweils körperliche von natürlichen Faktoren beziehungsweise Biorhythmen unterschieden. Im Hinblick auf die körperlichen Faktoren können durch eine ausgewogene Ernährung und körperliche Betätigung Krankheiten geheilt oder verhindert werden, während insbesondere eine falsche oder einseitige Ernährung zum Anschwillen eines und damit zur Verminderung eines anderen *Doshas* führen kann. Die Biorhythmen hingegen sind durch die Ernährung nicht grundsätzlich veränderbar.

Ursachen und Stadien der Manifestation von Krankheiten

Im Ayurveda werden eine Fülle von Krankheitsursacben unterschieden, die in drei Kategorien, *Dukhas,* (was soviel wie »Schmerz« oder »Unglücklichsein« bedeutet) eingeteilt werden:

Adhyatmika-Dukhas (sprich: »ad-jat-mika«) sind endogene, also entweder durch den eigenen Körper oder die eigene geistig-seelische beziehungsweise psychosomatische Verfassung hervorgerufene Erkrankungen. Diese werden noch einmal unterteilt in genetisch (erblich) und pränatal (vorgeburtlich) bedingte Leiden, wobei letztere während der Schwangerschaft auf das Kind übertragen werden.

Adhibhautika-Dukhas sind Krankheiten, die durch äußere Einflüsse, also exogen, entstehen. Dazu zählen zum Beispiel Verletzungen, Unfälle und Mißhandlungen, aber auch psychische Erschütterungen oder Schocks, die durch den Eingriff anderer Personen bewirkt werden.

Schließlich gibt es noch *Adhidaivika-Dukhas* (sprich: »adi-deiwika«), durch die Natur oder, wie es in ayurvedischen Texten heißt, »von den Göttern« gesandte Erkrankungen. Natürlich bedingte Leiden entstehen durch die Einflüsse von Jahreszeit, Klima, Wetter oder altersbedingten Verfallserscheinungen, während Naturkatastrophen wie Erdbeben, Überschwemmungen, Vulkanausbrüche, Dürren und andere von den Göttern geschickt werden.

Diese Einteilung zeigt, wie differenziert das ayurvedische Denken bereits vor mehreren tausend Jahren war. So gab es offenbar schon damals eine Genetik (Erblehre). Außerdem wurde der Mensch nicht isoliert betrachtet, sondern auch der gesellschaftliche und umweltbedingte Einfluß berücksichtigt.

Jede Krankheit ist nach ayurvedischer Sicht für den Arzt erkennbar, lange bevor sie äußerlich sichtbar wird oder sich in Form von Schmerz in bestimmten Organen äußert. Insgesamt werden nach *Sushruta* sechs Stufen der Verfestigung bei jeder Erkrankung unterschieden.

Im ersten Stadium, *Caya* oder »Ansammlung« genannt, sind ein oder mehrere *Doshas* gestört, was sich zunächst nur in schwachen Symptomen äußert. Zum Beispiel deuten Müdigkeit und Antriebsschwäche auf eine *Kapha*- und ein Kältegefühl sowie Blässe auf eine *Pitta*-Störung hin. In diesem Stadium sammeln sich die gestörten *Doshas* in den für sie typischen Körperregionen bzw. Organen an.

Im zweiten Stadium, der Erregung oder *Prakopa, sind* die Symptome noch immer schwach, lassen sich aber bereits deutlicher erkennen, denn die Störung der *Doslias* hat jetzt infolge der angesammelten Giftstoffe bereits zugenommen. Typisch sind zum Beispiel ein Stechen im Bauch bei einer *Vata*-Störung, Durst und saures Aufstoßen bei einer *Pitta*- und Brechreiz oder Verschleimung von Mund und Kehle bei einer *Kapha*-Störung.

Auf der dritten Stufe, *Prasara* oder Ausbreitung genannt, haben sich die angesammelten Giftstoffe bereits über den ganzen Körper ausgebreitet. Der Arzt diagnostiziert bei *Vata* Spannungen im aufgeblähten Bauch, bei *Pitta* ein brennendes Gefühl und bei *Kapha* Verdauungsstörungen sowie Erbrechen.

Im vierten Stadium, *Sthana-Samshraya* (sprich: »stana-samschraja«) oder »Etablierung der Störung«, setzen sich die Giftstoffe in bestimmten Organen fest und greifen die aus dem Gleichgewicht geratenen *Doshas* an. Jetzt sind die Symptome so klar erkennbar, daß sich eine Diagnose für eine bestimmte Krankheit stellen läßt.

Im fünften Stadium, *Vyakta* (sprich: »wjakta«, »Manifestation«) oder *Rupa* (»Form«), ist die Krankheit voll ausgebrochen und läßt sich nicht mehr aufhalten. Der Arzt kann sie nur mildern und den Selbstheilungsprozeß anregen. Notfalls muß er auftretende Komplikationen wie Fieber zuerst beseitigen, bevor er die Störung der *Doshas* behandeln kann.

Im sechsten Stadium, *Bheda* (»Ausgang«) genannt, entscheidet sich der Ausgang der Krankheit: Entweder wird sie geheilt, oder sie verfestigt sich chronisch, erzeugt Folgekrankheiten und möglicherweise sogar den Tod.

Vergleicht man dies mit der abendländischen Schulmedizin, so sei daran erinnert, daß diese nur drei Stadien in der Krankheitsentwicklung kennt, und zwar:

1. die Inkubation, also die Zeit zwischen der Ansteckung und dem Ausbruch der Krankheit,
2. das prodomale oder Vorläuferstadium, das der vierten Stufe im Ayurveda entspricht, sowie
3. den Durchbruch, entsprechend dem sechsten Stadium der Ayurveda-Medizin.

Die westliche Schulmedizin erscheint also sehr viel ungenauer und ist insbesondere im Hinblick auf eine Diagnose und Behandlung des ersten bis dritten Stadiums dieser Lehre unterlegen.

Selbstverständlich muß jede Krankheit ganzheitlich behandelt werden, das heißt, eine Lungenentzündung darf nicht einfach als eine Erkrankung der Lunge gedeutet, sondern muß als eine Reaktion des Körpers auf ein gestörtes *Dosha*-Gleichgewicht, das sich in der Lunge verfestigt hat, gesehen werden. Es wird also letztlich nicht eine Krankheit, sondern der Mensch behandelt.

Bei einer so differenzierten Unterscheidung von Stadien der Krankheitsentwicklung versteht es sich von selbst, daß auch die Methoden der Diagnose sehr ausgefeilt sein müssen.

Die Methoden der Diagnose

Für den mit der westlichen Schulmedizin vertrauten Arzt oder Patienten erscheint die Diagnose nicht nur außergewöhnlich gründlich, sondern auch teilweise recht ungewöhnlich, kommen hier doch Methoden zur Anwendung, die es in Europa gar nicht gibt. Die Diagnose hat im Ayurveda eine zentrale Bedeutung, wobei auch hier wieder maßgeblich ist, daß nicht die Krankheit, sondern der Mensch als Ganzes diagnostiziert wird. Der Begriff Diagnose bezieht sich letztlich auf eine kontinuierliche Überwachung der seelisch-körperlichen Wechselwirkungen im Menschen. Die Diagnosemethoden sind so umfangreich und hochentwikkelt, daß sie hier nicht vollständig dargestellt werden können. Daher sollen nur die wichtigsten Elemente beschrieben werden.

Bevor ein Ayurveda-Arzt die Krankheit ermitteln kann, unter der ein Patient leidet, muß er sich zunächst sehr eingehend mit dem Menschen befassen. Denn, so heißt es im *Caraka-Samhita,* »... ist ein Arzt, mag er noch so gelehrt sein, unfähig, dem Patienten mit all seinem Wissen und Können in die Seele zu sehen, so ist er nicht berechtigt, die Behandlung von Krankheiten durchzuführen« (zitiert nach Thakkur, »Ayurveda«, S. 229). Damit ist bereits angedeutet, daß sich jede Diagnose in die Untersuchung des Kranken und die Untersuchung der Krankheit gliedert.

Es findet zunächst eine allgemeine Einschätzung des Patienten und seines Körpers statt. Sein Konstitutionstyp wird ermittelt und sein Körperbau untersucht. Außerdem werden wesentliche Merkmale, seine Statur und seine Körperproportionen, sein Magenvolumen, seine Belastbarkeit sowie sein Alter und ebenfalls seine psychische Verfassung analysiert. Dazu werden unter anderem die sieben *Dhatus* untersucht. Für den guten Zustand der jeweiligen Elemente gibt es eine Art »Norm«. Beispielsweise ist der optimale Zustand des Knochenmarks dadurch gekennzeichnet, daß der Betreffende weiche Glieder hat, stark ist, eine ölige, tiefe Stimme sowie kräftige, lange, gerundete Gelenke und große Augen hat. Betrachtet man seine Psyche, so gilt er als wißbegierig, reich und ehrenhaft.

Befindet sich die Essenz aus den *Dhatits, Ojas,* in einem vortrefflichen Zustand, so besitzt der Mensch ein gutes Gedächtnis, Eifer, Dankbarkeit, Verstand, Lauterkeit, Begeisterung, Leistungsfähigkeit und Tapferkeit-, insgesamt strebt er also nach dem Guten. Außerdem ist sein Gang sicher, sein Urteil und seine Taten sind wohlüberlegt und ausgewogen.

Der Zustand dieser acht »Elemente« kann auf verschiedene Weise ermittelt werden. Neben die äußere Betrachtung des Patienten tritt die Berührung zur Untersuchung der Temperatur und der Hautbeschaffenheit; auch wird abgeklärt, ob der Patient Schwellungen oder Ödeme hat. Weiterhin wird der Patient abgehört. Zwar kannten die Inder noch keine Stethoskope, aber dennoch achtete der Arzt auf die Geräusche des Herzens, der Därme, der Atmung usw. Zudem wird der Geruch des Patienten festgestellt, wobei den Arzt nicht nur seine objektive Feststellung, sondern auch die subjektive Empfindung des Patienten interessiert. Der Arzt testet auch den Geschmack des Urins, um zu überprüfen, ob er süß schmeckt oder nicht.

Anschließend wird der Patient eingehend befragt, und zwar nach seiner Krankheitsgeschichte, in die auch die Familie einbezogen wird, und nach seinen Lebens-und Eßgewohnheiten. Dies wird in der europäischen Medizin bekanntlich als »Anamnese« (Vorgeschichte einer Krankheit) bezeichnet.

Es schließen sich weitere Untersuchungsmethoden an. Besonders wichtig unter ihnen ist die Pulsdiagnose. Doch dient diese nicht nur wie in der abendländischen Medizin zur Ermittlung der Pulsfrequenz, sondern vor allem zur Feststellung von *Tridosha*-Störungen. Dabei legt der Untersuchende an beiden Unterarmen jeweils den Daumen an die Handwurzel und Zeige-, Mittelsowie Ringfinger an die Handgelenke. So ertastet er mit dem Zeigefinger das *Vata-Dosha,* mit dem Mittelfinger das *Pitta-*

Dosha und mit dem Ringfinger das *Kapha-Dosha.* Auf die gleiche Weise kann der Puls auch an sieben weiteren Stellen des Körpers erfühlt werden. Eine *Vata*-Störung zeigt sich an einem sogenannten »Schlangenpuls«, das heißt, der Puls fühlt sich unregelmäßig, dünn und wellenartig an. Ein »Froschpuls« zeichnet sich demgegenüber durch ein lebhaftes und aufgeregtes Hüpfen aus und deutet auf eine *Pitta*-Störung hin. Eine *Kapha*-Erkrankung schließlich ist an einem »Schwanenpuls« erkennbar, der kräftig ist und den Auf- und Abwärtsbewegungen eines Schwanes auf dem Wasser gleicht.

Die Pulsschläge stimmen nicht nur mit dem Herzschlag überein, sondern geben auch Aufschluß über das Fließen der Energieströme im Körper, die durch das Blut kreisen und die verschiedenen Organe passieren. Somit kann beim Ertasten des tiefliegenden Pulses auch der Zustand einzelner Organe festgestellt werden.

Diese kurzen Ausführungen haben sicher schon deutlich gemacht, wie hoch entwickelt die Pulsdiagnose im Ayurveda ist. Deshalb erstaunt es auch nicht, daß das Ertasten des Pulses innerhalb der letzten drei Jahrhunderte so weit vervollkommnet wurde, daß einige Ayurveda-Ärzte allein dadurch schon zu einer richtigen Krankheitsdiagnose gelangen.

Bei der Zungendiagnose werden Größe, Form, Umriß, Oberfläche und Ränder der Zunge untersucht. Jeder Teil der Zunge entspricht verschiedenen Organen: Der hintere Teil läßt Rückschlüsse auf die Nieren und den Darmtrakt zu, der mittlere auf Bauchspeicheldrüse, Magen, Milz sowie Leber und der vordere auf das Herz und die beiden Lungenflügel. Giftstoffe in den Bereichen dieser Organe zeigen sich jeweils an einem weißen Belag an der betreffenden Stelle der Zunge.

Weiterhin deuten Zahneindrücke am Zungenrand auf mangelhafte Absorptionsprozesse im Darm, während eine deutlich erkennbare Mittellinie der Zunge entweder auf Gefühle hindeuten. die sich im Wirbelsäulenbereich festgesetzt haben, oder auf Schmerzen an der Wirbelsäule. Ein Zittern der Zunge verweist auf tiefsitzende Ängste oder Sorgen. Eine gelbliche Färbung zeigt überschüssige Gallenflüssigkeit oder eine Leberstörung an, während eine blaue Färbung für eine Herzerkrankung spricht.

Eine weitere Methode ist die Antlitzdiagnose: Das Gesicht gilt als Spiegel der körperlichen und der seelischen Verfassung, die an seinen Linien und Furchen abgelesen werden kann. So verweisen Längsfalten auf der Stirn auf Ängste und Sorgen, eine stehende Linie zwischen den Augenbrauen auf der rechten Seite auf eine Leberstörung und auf der linken Seite auf eine Milzstörung. Eine deutliche Schwellung der unteren Augenlider ist Anzeichen einer Nierenstörung. Ein Mensch mit *Vata*-Konstitution hat hohle, eingefallene Wangen, einer mit *Kapha*-Konstitution und einem entsprechend verlangsamten Stoffwechsel ein fülliges, glattes und weiches Gesicht.

Auch die Lippen sind ein Spiegel des körperlichen Gesundheitszustandes. Die verschiedenen Partien der Lippen korrespondieren wiederum mit verschiedenen Organen: An der Oberlippe sind Störungen im Bereich von Schilddrüse, Herz, Magen, Milz, Leber und Lunge ablesbar, an der Unterlippe solche im Bereich des Darmtraktes und an den Mundwinkeln Erkrankungen der Nieren, und zwar an Verfärbungen im jeweiligen Gebiet. Bei einer Anämie (Verminderung der roten Blutkörperchen) sind die Lippen insgesamt blaß, bei Gelbsucht gelblich und bei einer Herzstörung bläulich gefärbt. Blaßbraune Flecken auf den Lippen sind Zeichen einer chronischen Verdauungsstörung oder von Würmern im Darm.

An den Nägeln, nach ayurvedischer Sicht ein »Abfallprodukt« der Knochen, interessieren den Arzt Größe, Form, Oberfläche und Kontur. Rauhe, trockene und krumme Fingernägel, die leicht brechen, sind typisch für ein *Vata-Dosha,* weiche, zarte, rosafarbene Nägel hingegen, die sich leicht biegen lassen und ein wenig schimmern, für ein *Pitta-Dosha.* Bei *Kapha*-Menschen herrschen dicke, kräftige und stark glänzende Nägel mit gleichmäßiger Kontur vor.

Längsrillen zeugen von einer Fehlfunktion des Verdauungssystems, Querrillen von einer Unterernährung oder einer lange bestehenden Krankheit. Stark löffelförmige Nägel mit einer konkaven Wölbung deuten auf einen Eisenmangel hin und weiße Flecken auf einen Zink- oder Kalkmangelzustand. Die einzelnen Finger werden wiederum bestimmten Organen zugeordnet, und zwar der Daumennagel dem Gehirn und dem Schädel, der Zeigefinger der Lunge, der Mittelfinger dem Dünndarm, der Ringfinger den Nieren und der kleine Finger dem Herzen.

An den Augen des Patienten lassen sich ebenfalls der Konstitutionstyp und verschiedene Erkrankungen ablesen: Kleine Augen mit häufigem Lidschlag deuten auf ein *Vata-Dosha* hin; ist der Lidschlag jedoch übermäßig häufig, so spricht dies für Nervosität, Besorgtheit und Furcht. Große, schöne und anziehende Augen sind typisch für *Kaplia*-Menschen und glänzende, lichtempfindliche, zur Kurzsichtigkeit neigende Augen für Pitta-Menschen. Hängende Oberlider sind ein Zeichen für Unsicherheitsgefühle, vorstehende Augen verweisen auf eine Fehlfunktion der Schilddrüse. Auch Farbe, Form, Größe und Form der Iris können gedeutet werden: Zum Beispiel zeigt eine kleine Iris schwache Gelenke an und ein weißer Ring um die Iris einen Kalziummangelzustand, einen Überschuß an Natrium oder Zucker im Organismus und eventuell eine Degeneration der Gelenke.

Bei der Untersuchung der Stimme achtet der Arzt auf deren Klang. Eine heisere, rauhe Stimme spricht für eine *Vata*-Störung, eine laute, schrille und klare für eine *Pitta*-Störung und eine belegte, verquollene für eine *Kapha*-Störung.

Weiterhin untersucht der Arzt die Ausscheidungen des Patienten, wobei es auf Färbung und Konsistenz des Urins ankommt und darauf, ob der Stuhl glatt ist oder unverdaute Nahrungsbestandteile enthält, was auf eine ungenügende Verdauung schließen läßt.

Erst nach solch einer gründlichen Untersuchung des Patienten können die Art seiner Erkrankung und das Stadium seiner Krankheit ermittelt werden. Dabei müssen immer fünf Aspekte berücksichtigt werden:

- die Ursache der Störung,
- die der Krankheit vorausgehenden Erscheinungsformen,
- die aktuellen Symptome,
- Testuntersuchungen und
- die Beobachtung der Krankheitsentwicklung entsprechend den sechs Stadien.

Bemerkenswerterweise können durch die Verbindung all dieser Diagnosemethoden auch unbekannte Krankheiten diagnostiziert werden, ohne daß auf alle ihre Einzelheiten eingegangen werden muß. So heißt es bei *Caraka:* »Es ist völlig unmöglich, die Namen und Bezeichnungen jedes einzelnen Zustandes zu wissen, weil es so viele Symptome und Krankheiten gibt. Der erfahrene und weise Arzt muß herausfinden, welcher gestörte *Dosha* dominiert und dementsprechend das Leiden behandeln. Er soll auf keinen Fall unsicher oder unzufrieden sein, falls er den Namen der Krankheit nicht kennt« (zitiert nach Thakkur, »Ayurveda«, S. 69).

Die wichtigsten Formen der Therapie

Therapeutische Grundsätze

An die Diagnose schließt sich die Therapie an. Nach den bisherigen Ausführungen ist es beinahe überflüssig zu erwähnen, daß auch sie ganzheitlich sein muß. Das heißt, es wird nicht die Krankheit behandelt, sondern der Kranke, und für diese Behandlung ist eine aufnahmebereite Mitarbeit des Patienten unerläßlich.

Ziel der Therapie ist in erster Linie, die vorhandene Störung im Gleichgewicht der *Tridoshas* zu beseitigen, wobei es jedoch nicht einfach mit der Verabreichung von Medikamenten getan ist. Grundsätzlich gibt es zwei verschiedene Zielrichtungen bei jeder Therapie: Sie kann zum einen gegen die Krankheitsursache, gegen die Krankheit oder gegen beide gerichtet sein. Dies ist sinnvoll, wenn sich ein oder mehrere *Doshas* in einem angeschwollenen oder angeregten Zustand befinden. In diesem Falle wird ein Mittel verabreicht, das *Vata, Pitta* und/oder *Kapha* beruhigen und auf ein normales Maß reduzieren soll.

Zum anderen kann eine Therapie in die gleiche Richtung wie die Krankheitsursache, die Krankheit oder wie beide zielen. Dies ist sinnvoll, wenn ein oder mehrere *Doshas* vermindert sind, so daß sie mittels einer Substanz, die ihren Eigenschaften gleicht, angeregt werden können.

Beachtlicherweise vereinigt der Ayurveda mit diesen beiden Zielrichtungen sowohl die Allopathie als auch die Homöopathie in sich. Die allopathische Methode, die mit der Krankheit entgegengesetzten Mitteln arbeitet, ist die »klassische« Verfahrensweise der abendländischen Schulmedizin, während die sehr viel jüngere Homöopathie oder Naturheilkunde Substanzen einsetzt, die denen der Krankheitserreger ähnlich sind.

Alle therapeutischen Maßnahmen zielen darauf ab, die Natur zu unterstützen, also die dem Menschen innewohnenden Selbstheilungskräfte zu entfachen. Dies geschieht auf dreifache Weise: Die erste Maßnahme besteht immer in der Ausscheidung von Abfallstoffen, damit die anschließend eingesetzten Medikamente überhaupt ihre Wirkung entfalten können. Die zur Reinigung eingesetzten Mittel werden im nächsten Abschnitt über die *Pancakarma*-Therapie (sprich: »pantscha-karma«) beschrieben. Die zweite Maßnahme besteht in der Beruhigung der *Doshas,* um weitere krankhafte Prozesse zu unterbinden. Drittens wird die Widerstandskraft von Geist und Körper gestärkt, damit der Patient seine Krankheit überwindet und resistent wird.

Bei der Therapie werden vier Behandlungsweisen unterschieden:

- die innerliche, bei der die Arzneimittel oral (durch den Mund) oder rektal (durch den Darm) eingenommen werden,
- die äußerliche mittels Massagen oder Schwitzkuren,
- die chirurgische Behandlung und
- die psychische Behandlung.

Letztere ist besonders wichtig, weil ja alle Krankheiten nicht nur als körperlich, sondern auch als seelisch bedingt gelten. So werden dem Patienten zum Beispiel Yoga oder Meditation verordnet, die im letzten Kapitel noch ausführlicher behandelt werden. Ganz allgemein soll sich der Patient während seiner Genesung aber auch einfach mit Dingen beschäftigen, die ihn erfreuen, um seine Lebensfreude wieder zu stärken. Bei rein psychisch bedingten Krankheiten wird auch *Shirobasti* (sprich: »schiro-basti«) angewendet, eine im Abendland unbekannte Methode, die in der Einmassierung von Wirkstoffen in die Kopfhaut besteht.

Im Ayurveda gibt es im Gegensatz zur abendländischen Schulmedizin, die im wesentlichen nur die medikamentöse Therapie kennt, eine ganze Reihe von Therapieformen. Dazu gehört selbstverständlich ebenfalls eine Verabreichung von Medikamenten, zumeist in Form von Heilpflanzen, daneben aber auch eine allgemeine Hygiene- und Gesundheitspflege und eine sinnvolle Ernährungsweise, Fastenkuren sowie verschiedene Meditationstechniken. Diese Formen werden im nächsten und übernächsten Kapitel näher besprochen. Weiterhin gibt es eine Metall-, eine Edelstein-, eine Farb-, eine *Rasayana-* (Verjüngungs-), eine *Vajikarana-* (»Aphrodisiaka«-) und eine palliative (lindernde) Therapie. Mehr darüber erfahren Sie in diesem Kapitel. Am wichtigsten von allen aber ist die *Pancakarma-Therapie,* die jetzt näher erläutert wird.

Die Pancakarma-Therapie

Wie der Name *»Pancakarma«* bereits sagt - *»panca«* bedeutet »fünf« und *»karma«* »Handlung« - umfaßt diese Form der Therapie fünf Verfahren, die auf eine körperliche Reinigung oder Verjüngung abzielen, dabei aber auch eine geistig-seelische Wirkung entfachen. Sie dient in erster Linie dem Abbau der Giftstoffe *(Ama),* die sich im Körper durch das Ungleichgewicht der *Doshas* angesammelt haben.

Pancakarma ist sowohl eine eigenständige Therapieform als auch die Voraussetzung für Folgetherapien. Denn wenn eine medizinische Behandlung ohne eine vorherige Ausscheidung von Giftstoffen durchgeführt wird, so bleibt sie einerseits nur oberflächlich, weil bestenfalls an den Symptomen »herumgedoktert« wird, ohne daß der Krankheitsherd beseitigt wird. Andererseits kann die Behandlung in diesem Falle sogar schädlich sein, weil sich die angesammelten Gifte nur noch tiefer im Körper festsetzen. *Caraka* vergleicht dies mit einem Stück Stoff, das gefärbt werden soll: Wenn der Stoff schmutzig ist, so nimmt er keine Farbe an; wird er aber vorher gereinigt, so ist das Färben problemlos.

Pancakarma gliedert sich in eine Vor-, eine Haupt- und eine Nachbehandlung. Bestandteil der Hauptbehandlung sind die fünf Kurmethoden Erbrechen, Purgieren beziehungsweise Abführen, Einläufe, Reinigung der Nase und des Blutes. Manche dieser Methoden mögen dem Leser recht schmerzhaft oder roh anmuten, doch dieser Eindruck täuscht, denn *Pancakarma* gilt als eine angenehme und sanfte Therapie.

Zur Vorbehandlung gehören eine Öl- und eine Schwitzkur. Bei der Ölkur trinkt der Patient mehrere Tage lang täglich mehrere Tassen Ghee (zerlassene Butter), zusammengesetzt aus Sesam-, Getreide- und Sonnenblumenöl; das Öl kann auch äußerlich angewendet werden. Das Ziel ist erreicht, wenn das Öl durch den Darm ausgeschieden wird. Das Schwitzen, das drei bis sieben Tage durchgeführt wird, erfolgt entweder in Form von Dampfbädern oder trocken durch Erwärmung des Körpers, unterstützt durch eine Kräutertherapie oder eine spezielle Massage.

Die Therapie mittels Erbrechen als Bestandteil der Hauptbehandlung dient dem Ausscheiden von Giftstoffen durch den Mund. Sie ist dann angezeigt, wenn der Patient zum Beispiel an Asthma, Bronchitis, Husten, chronischen Nebenhöhlenentzündungen oder Erkältungen, also ausgesprochenen *Kapha*-Störungen, an Diabetes, chronischen Verdauungsstörungen oder Ödemen leidet. Dazu muß der Patient entweder Salzwasser, Süßholz- oder Kalmustee trinken, um einen Brechreiz auszulösen. Wenn dies nicht genügt, wird die Zunge gerieben, was auch aufgestaute Gefühle freisetzt.

Der Prozeß dauert längstens drei Tage, wobei der Patient fasten, sich also jeglicher Nahrung enthalten muß. Wenn der Schleim sich löst und ausgeschieden wird, spürt der Patient sofort eine Erleichterung Atemnot verschwindet, und die Nebenhöhlen werden frei. Nach Beendigung der Brechkur bekommt der Patient eine Diätnahrung, wobei der Speiseplan innerhalb von vier bis fünf Tagen langsam normalisiert wird.

Das Abführen oder Purgieren hat das Ziel, die Giftstoffe durch den After auszuscheiden. Diese Kur ist ratsam, wenn jemand an Gallenblasen-, Leber- oder Darmerkrankungen, also typischen *Pitta*-Störungen leidet. Diese Krankheiten können sich unter anderem auch als allergischer Ausschlag, Akne, Dermatitis, chronisches Fieber oder Gelbsucht manifestieren. Dem Patienten werden aus Heilpflanzen hergestellte Abführmittel verabreicht, zum Beispiel in Form von Senneblättertee. Nach zehn bis dreißig Darmentleerungen ist die Kur beendet.

Die Einlaufkur wird bei *Vata*-Erkrankungen wie Verstopfung, sexuellen Störungen, Nierensteinen, Herzschmerzen sowie Schmerzen des Rückens und des Nackens durchgeführt. Die Form der Kur, die die wichtigste der *Pancakarma*-Therapie ist, erfordert viel ärztliches Können. Es werden dem Patienten Substanzen wie Sesamöl, Kalmusöl oder Abkochungen von Heilpflanzen in den Mastdarm eingeführt, damit die Giftstoffe durch den After ausgeschieden werden. In achtzig Prozent aller Fälle wird durch die Einläufe eine vollständige Heilung der Krankheit erzielt.

Die Therapie über die Nasenschleimhäute dient dem Abbau von Giftstoffen in Nase, Mund und Ohren, wobei die Giftstoffe jeweils über die nächstgelegene Körperöffnung ausgeschieden werden. Dies ist unter anderem bei Trockenheit der Nase, Nebenhöhlenentzündungen, Heiserkeit, Migräne, Haarausfall sowie bestimmten Augen- und Ohrenkrankheiten angezeigt. Die Reinigung erfolgt mittels Pulver, Schnupfmitteln oder Heilpflanzen; auch eine Massage der Nasenschleimhaut kann sinnvoll sein, wobei die Nasengänge durch sanftes Massieren von innen mit Ghee geölt werden.

Der Aderlaß zur Reinigung des Blutes klingt für westliche Patienten vielleicht etwas altmodisch, wird aber im Ayurveda praktiziert, um Toxine, die vom Magen-Darm-Trakt her in die Blutbahn gelangt sind und im Körper kreisen, auszuscheiden. Sonst können sich die Giftstoffe unter der Haut oder in den Gelenkhohlräumen festsetzen, wo sie Krankheiten verursachen. Diese Form der Therapie wird zum Beispiel bei Nesselsucht, Hautausschlägen, Akne, Krätze, chronischem Juckreiz und ebenso bei Vergrößerungen der Leber oder der Milz und bei Gicht angewendet.

Es gibt einen kleinen, einen mittleren und einen großen Aderlaß, die sich jeweils auf Grund der Menge des entnommenen Blutes unterscheiden. Beim großen Aderlaß wird das Blut aus dem Gebiet entnommen, in dem es sich gestaut hat. Beim mittleren und kleinen Aderlaß wird das Blut aus der Vene der Armbeuge entzogen. Zusätzlich werden bestimmte Getränke verabreicht, wobei vor allem der Klettenwurzeltee stark blutreinigend wirkt.

Nach der *Pancakarma-Therapie* ist eine drei- bis fünftägige Nachbehandlung erforderlich, bei der der Patient von der Diät zur normalen Kost zurückgeführt wird, auch seine Lieblingsspeisen erhält und ebenfalls psychisch betreut wird.

In den deutschsprachigen Ländern gibt es seit einiger Zeit die Möglichkeit, eine *Pancakarma*-Therapie durchzuführen, und zwar in speziellen Ayurveda-Kliniken. (Die Anschriften finden Sie am Ende des Buches.) Eine solche Kur dauert mindestens zwei Wochen, wobei jeder Patient einen ganz individuellen Therapieplan erhält. Menschen, die bisher an einer solchen Kur teilgenommen haben, sind von der Wirkung begeistert und berichten, daß sie sich danach wie neugeboren gefühlt haben. Inzwischen ist die positive Wirkung einer *Pancakarma*-Therapie auch mit den Methoden westlicher Wissenschaft nachgewiesen worden. So wurden unter anderem eine Zunahme von Wohlbefinden, Energie, körperlicher Widerstandskraft und »Verjüngung« sowie eine Abnahme von Angst, Depressionen, Müdigkeit und Selbstunsicherheit festgestellt. Die *Pancakarma*-Therapie kann also nur jedem empfohlen werden, der etwas für seine Gesundheit tun möchte.

Im Anschluß an die *Pancakarma*-Therapie beziehungsweise das Ausscheiden der Giftstoffe wird die palliative (lindernde) Therapie angewandt, um die Toxine durch das Entfachen von *Agni* zu neutralisieren. Dies geschieht mittels Einnahme von Arzneien, die die Verdauung verbessern, durch körperliche Betätigung, Sonnenbaden und Aufenthalt an der frischen Luft.

Die Metalltherapie

Nach ayurvedischer Lehre sind Metalle (ebenso wie Edelsteine) die sichtbare Manifestation bestimmter Energieformen. Die Energie, die sie ausstrahlen, kann zu Heilzwecken genutzt werden, indem sie schädlichen Einflüssen auf Körper, Seele und Geist entgegenwirken. Durch ihre Berührung mit der Haut üben sie einen elektromagnetischen Einfluß auf die Körperzellen und die tieferliegenden Gewebe aus.

Da die Metalle jedoch bei falschem Gebrauch schädigend wirken können, sollen sie nur unter Aufsicht eines kundigen Arztes eingesetzt werden. Denn das Reinigen der Metalle vor ihrem Gebrauch als Heilmittel ist besonders wichtig. So werden die Metalle erhitzt und entweder mit Öl, Kuhurin, Milch, Ghee, Buttermilch oder saurem Getreidebrei behandelt. Eine ausschließlich chemische Reinigung hingegen ist nicht ratsam, weil dies toxische Nebenwirkungen hervorruft. Im folgenden werden einige Metalle und ihre Wirkungen beschrieben.

Kupfer eignet sich zur Verminderung von *Kapha* und wirkt sich positiv auf Leber, Milz und das Lymphsystem aus. Es ist außerdem hilfreich bei Fettansatz, Zurückhalten von Flüssigkeit im Körper, Lymphstauungen und bei Anämie. Zur Behandlung werden zehn Kupfermünzen in Kalkwasser gewaschen und anschließend in einem Liter Wasser so lange gekocht, bis ein halber Liter zurückbleibt. Zwei Teelöffel des Kupferwassers werden dreimal täglich einen Monat lang eingenommen. Auch das Tragen eines kupfernen Armbandes ist von Vorteil.

Gold kräftigt die Nerven, stärkt den Herzmuskel und den Puls, steigert die Lebenskraft, die Intelligenz, das Auffassungsvermögen und das Erwachen des Bewußtseins. Weiterhin ist es hilfreich bei Hysterie, Epilepsie, Herzinfarkt, Lungen- und Milzschwäche. Bei Menschen mit *Pitta*-Konstitution kann es jedoch zu Unverträglichkeiten, insbesondere zu Hautausschlag, kommen. Gold wird entweder in veraschter Form als Medikament verabreicht oder in Form von Goldwasser, das hergestellt wird, indem ein goldener Schmuckgegenstand ohne Stein mit zwei Gläsern Wasser in einem Topf gekocht wird, bis die Hälfte des Wassers verdunstet ist. Von dem Rest wird dann ein Teelöffel zwei- bis dreimal täglich eingenommen.

Eisen steigert, wie auch in der abendländischen Medizin bekannt, die Bildung roter Blutkörperchen und wirkt sich ebenfalls auf Knochenmark, Knochengewebe, bei Leber- und Milzvergrößerungen positiv aus. Es kräftigt Muskulatur sowie Nervengewebe und hat eine verjüngende Wirkung. Als Medikament wird Eisen in veraschter Form eingesetzt.

Quecksilber übt eine tiefgreifende Wirkung aus, und zwar auf das Enzymsystem und das Gewebe. Außerdem fördert es die Intelligenz und erweckt das Bewußtsein. Als Medikament wird es in Verbindung mit Schwefel und verschiedenen Heflpflanzen verwendet.

Mit Silber kann ein Übermaß an *Pitta* und an *Vata* geheilt werden, es sollte jedoch bei *Kapha*-Typen mit Vorsicht eingesetzt werden. Silber fördert Kraft und Vitalität und hilft bei Abmagerung, chronischem Fieber und anschließenden Schwächezuständen, bei Sodbrennen, Entzündungen des Darmtraktes, Überaktivität der Gallenblase und zu starker Menstruation. In veraschter Form eignet es sich bei entzündlichen Herzerkrankungen sowie Leber- und Milzstörungen.

Die Edelsteintherapie

Auch Edelsteine enthalten energetische Schwingungen, die heilsam wirken können, indem sie ein magnetisches Feld erzeugen, das den Patienten umhüllt. Die Edelsteine geben also Energie ab und aktivieren dadurch die Energiezentren im menschlichen Körper. Die Steine können zum Teil zu Asche verbrannt und dann als Medikamente eingenommen werden, was jedoch im alten Indien nur Wohlhabenden vorbehalten war. Es kann aber auch ihre heilende Energie genutzt werden, indem sie an Ringen oder Halsketten getragen werden. Eine dritte Möglichkeit besteht darin, die Edelsteine über Nacht in Wasser zu legen und das Wasser am nächsten Tag zu trinken. Dabei empfiehlt es sich, die Steine vorher zu reinigen, indem man sie vorher zwei Tage in Salzwasser legt.

Jeder Edelstein entfaltet eine ihm ganz eigene Wirkung und eignet sich daher jeweils für bestimmte Erkrankungen. Es sollen im folgenden einige der vielen Edelsteine mit ihren Wirkungen vorgestellt werden. Ein Achat ist nützlich bei *Kapha*-Störungen, er regt das spirituelle Erwachen an und enthält die Elemente Äther, Luft und Feuer. Achate sollten an goldenen Halsketten getragen werden.

Bei *Vata*- und *Pitta*-Störungen eignet sich unter anderem ein Amethyst. Er enthält die Elemente Äther sowie Wasser und verleiht seinem Träger Würde, Liebe, Mitgefühl und Hoffnung. Außerdem hilft er, ein gefühlsbetontes Temperament zu beherrschen.

Ein Beryll ist von gelber, grüner oder blauer Farbe und enthält Feuer und Äther. Einerseits regt er *Pitta an,* und andererseits reduziert er ein vermehrtes *Vata* und *Kapha.* Zudem fördert er Intelligenz, Macht sowie Prestige und hebt das Kunst- und Musikempfinden. Man sollte ihn an einer silbernen Kette oder einem silbernen Ring tragen.

Bei Diamanten hängt ihre Wirkung von ihrer jeweiligen Farbe ab. Rote Diamanten regen *Pitta* an, blaue und farblose mit ihrer kühlenden Energie beruhigen *Pitta* und regen *Vata* sowie *Kapha* an. Diamanten enthalten alle fünf Elemente. Ihre feinen Schwingungen wirken sich positiv aus auf die Hormon- und Schleimdrüsensekretion, die Durchblutung der Gewebe, Sinneserkrankungen und die Stärke des Körpers. Außerdem wirken sie verjüngend. Dieser Edelstein wird von jeher mit der Ehe in Verbindung gebracht, und zwar weil er enge Bindungen in Beziehungen fördert.

Die dem Meer entstammende Edelkoralle wirkt auf *Pitta* beruhigend, weil sie als blutreinigendes Mittel hilft, Zorn, Haß und Eifersucht zu beherrschen. Sie enthält Kalziumcarbonat und ist daher hilfreich bei Arthritis, Rheuma, Asthma sowie bei Erkrankungen des Zentralnervensystems und des Wärmehaushalts. Der Karneol, ein Ouarzstein mit kleinen roten Tröpfchen von roter Farbe, der die Elemente Feuer und Wasser enthält, hilft, Blutungen zu stillen und ist das beste blutreinigende Mittel. Dementsprechend eignet er sich auch bei Anämie sowie bei Leber- und Milzstörungen. Zudem fördert er die spirituelle Erziehung von Kindern.

Der Lapislazuli gilt als ein besonders geheimnisvoller Stein, der im Ayurveda sogar heilig ist. Er ist nicht nur gut bei *Vata*- und *Kapha*-Störungen, sondern stärkt auch die Augen und wird bei verschiedenen Augenerkrankungen eingesetzt. Des weiteren sensibilisiert er für spirituelle Erfahrungen und stärkt Körper, Geist und Bewußtsein.

Der Opal, der bei *Vata*- und *Kapha*-Störungen verwendet wird, ist der Edelstein Gottes, der Liebe, Treue, Mitgefühl, Kreativität und Verständnis in Beziehungen fördert. Er enthält die Elemente Wasser, Feuer und Äther und sollte an einem goldenen Ring oder einer goldenen Kette getragen werden.

Die Perle vereinigt die Elemente Wasser, Erde sowie Luft und wirkt *Pitta* entgegen. Sie hilft unter anderem bei akuten Entzündungen sowie bei Zahnfleischbluten, Bluterbrechen und blutenden Hämorrhoiden. In veraschter Form wird sie bei bei Magen- und Darmerkrankungen, bei Gelbsucht und bei Gallensteinen verwendet.

Auf den Rubin, der die Elemente Feuer, Luft und Äther enthält, reagieren *Pitta*-Typen empfindlich, während er sich bei vermehrtem *Vata* und *Kapha* gut eignet. Er stärkt Herz und Blut, fördert die Konzentration und verleiht geistige Kraft.

Der Saphir neutralisiert *Vata* und wird bei allen *Vata*-Störungen sowie Rheumatismus, Ischias, Nervenerkrankungen, Epilepsie, Hysterie und Hauterkrankungen eingesetzt. Er enthält Luft und Äther und sollte, in Gold gefaßt, um den Hals getragen werden.

Der Smaragd schließlich wirkt appetitanregend, eliminiert Säure und Hitze, ist hilfreich bei akuten und chronischen Fieberzuständen, bei Vergiftungen und Schwellungen sowie bei Entzündungen.

Die Farbtherapie

Wie bei der Wirkung der Edelsteine bereits angedeutet, ist unter anderem deren Farbe für den Heilerfolg ausschlaggebend. Bei der Verwendung von Farben werden im Ayurveda die sieben Regenbogenfarben zugrunde gelegt, die in einer bestimmten Beziehung zu den fünf Elementen und den *Tridoshas* stehen. Die Schwingungen der Farben können das Gleichgewicht von *Vata, Pitta* oder *Kapha* wiederherstellen oder aufrechterhalten. (Auch die moderne europäische Psychologie weiß mittlerweile um den Einfluß von Farben auf die menschliche Psyche.)

Rot hat eine Beziehung zum Blut und fördert somit den Farbstoffanteil und die Bildung der roten Blutkörperchen. Außerdem erzeugt diese Farbe Hitze, regt den Kreislauf an, erhält die Farbe der Haut und verleiht Nervengewebe sowie Knochenmark Energie. Einen besonders guten Erfolg hat Rot bei *Vata*- und *Kapha*-Störungen, während es bei einer Pitta-Konstitution mit Vorsicht einzusetzen ist.

Eine ähnliche Wirkung und ähnliche Einsatzmöglichkeiten wie Rot hat Orange. Außerdem unterstützt Orange die Wirkung der geschlechtlichen Energie und Kraft. Wer die Farbe jedoch zur Entfaltung der spirituellen Kraft einsetzt, sollte sexuell enthaltsam sein, um die sexuelle Energie in höheres Bewußtsein zu verwandeln. (Man denke hier an die Farbe der Gewänder buddhistischer Mönche.)

Gelb regt Verständnis und Intelligenz an, kann jedoch bei falschem Gebrauch zu *Pitta*-Störungen im Dünndarm führen. Bei vermehrtem *Vata* und *Kapha* eignet sich die Farbe besonders gut.

Grün hat eine geistig und emotional beruhigende Wirkung und erzeugt ein Gefühl von Frische. Da diese Farbe die Konzentration anregt, kann sie bei übermäßigem Gebrauch zu *Pitta*-Störungen im Bereich der Galle beziehungsweise zu Gallensteinen führen.

Die Regenbogenfarbe Gelbgrün vereinigt die Wirkung beider Einzelfarben in sich.

Blau, die Farbe des reinen Bewußtseins, beruhigt Körper und Geist, lindert Pigmentationsmangel der Haut und wirkt bei Leber- sowie *Pitta*-Störungen. Auf *Vata* und *Kapha*-Typen kann sie sich bei übermäßigem Gebrauch schädlich auswirken.

Violett ist die Farbe des kosmischen Bewußtseins, öffnet die Pforten der Wahrnehmung und führt zu spirituellem Bewußtsein. Diese Farbe bewirkt ein Gefühl der Leichtigkeit im Körper, wirkt sich günstig bei *Pitta*- und *Kapha*-Störungen aus, kann aber *Vata* bei falschem Gebrauch schädigen.

Die *Rasayana*- und die *Vajikarana*-Therapien

Die Rasayana-Therapie (sprich: »rasa-jana«), verkürzt als »Verjüngungstherapie« bezeichnet, hat nicht nur eine Verjüngung zum Ziel, sondern auch eine Verlängerung der Lebenserwartung sowie eine Steigerung der Energie und Kraft zur Bewältigung der Lebensprobleme. In einem der alten medizinischen Texte heißt es: *»Rasayana* besitzt unfaßbare und wunderbare Möglichkeiten: *Rasayana* verlängert das Leben und fördert die Gesundheit, erhält die Jugendlichkeit, vertreibt die Schläfrigkeit, die Benommenheit, die Müdigkeit, die Erschöpfung, die Trägheit und die

Schwäche, stellt das Gleichgewicht von *Vata, Pitta* und *Kapha* wieder her, festigt das schlaffe Fleisch, regt das innere Verdauungsfeuer an und verbessert Aussehen und Stimme« (zitiert nach Thakkur, »Ayurveda«, S. 293).

Seit alters her gibt es zwei Arten von *Rasayana*-Therapien. Die eine wird im normalen Leben des Patienten durchgeführt und erlaubt es ihm, seinen Pflichten ohne Unterbrechung nachzukommen. Diese Form der Therapie bedient sich spezieller Medikamente und einer Reinigung des Körpers.

Die andere verwendet ebenfalls besondere Arzneien, wirft jedoch bewußt den Patienten für eine Weile aus seinem gewohnten Alltag heraus. Hierzu wird für den Kranken speziell eine Hütte gebaut, die aus drei Kammern besteht, welche ineinandergeschachtelt sind. Die Therapie beginnt in der innersten Kammer, und zwar mit einer Schwitzkur und der Einnahme von Pulvern aus Kurkuma, Pfeffer und Ingwer sowie einer Diät und einer Reinigung. Nach Absolvierung bestimmter Übungen und Einnahme von Arzneien rückt der Patient dann in die mittlere und zuletzt in die äußere Kammer vor. Die Kammern stehen symbolisch für die verschiedenen Schichten der menschlichen Persönlichkeit. Wenn der Patient in der äußersten Kammer angelangt ist, soll die Entfaltung seiner Energie ihren Höhepunkt erreicht haben. Die günstigste Zeitspanne für die Therapie wird zuvor astrologisch bestimmt. Während *Rasayana* verjüngen und beleben soll, hat die *Vajikarana*-Therapie (sprich: »wa-dji-karana«) die Aufgabe, zu stärken und zu kräftigen. *Vajikarana* wird als eine Therapie beschrieben, die »momentane, freudige Erregung erzeugt; eine Therapie, die sexuell sehr stimulierend wirkt und deren Anwendung den Patienten begehrenswert in den Augen des anderen Geschlechts werden läßt« (zitiert nach Thakkur, »Ayurveda«, S. 305). Doch ist dies nicht nur als Aphrodisiakum zu verstehen, sondern dient ebenfalls der Sicherung der

Zeugungsfähigkeit und des Familienbestandes. Bei dieser Therapie wird auch der Körper zunächst entschlackt, bevor die sexuelle Kraft wiederhergestellt und gesteigert wird. Dabei gelten fast alle Formen der Impotenz, außer einer angeborenen oder verletzungsbedingten, als heilbar.

Die Heilpflanzentherapie

Kräuter und Arzneipflanzen

Die Auswahl der nachfolgenden Arzneipflanzen wurde willkürlich auf Grund eigener Anschauung in indischen Hospitälern sowie in den im Anhang aufgeführten europäischen Ayurveda-Instituten vorgenommen.

Zum einen sind die damit erzielten Heilerfolge für uns Europäer sehr deutlich erkennbar und zum anderen ebenso deutlich nicht nachvollziehbar.

In unseren Breiten gibt es Mythen und Legenden-, z. B. ist der 15. August eines jeden Jahres der Tag der »Kräuterweihe«, eine symbolische Handlung, die seit einigen Jahren in immer mehr Gebieten Deutschlands gepflegt wird. Sträuße werden gebunden, aus Ähren und vor allem aus Heilkräutern, mancherorts aus bis zu 77 Pflanzen. »Weihbüschl« heißen sie, »Marienwisch« oder »Würzbüschl«. Namen, die manches Mal bis ins 10. Jahrhundert zurückreichen; solange ist dieser Brauch in deutschen Landen belegt.

Doch schon in vorchristlicher Zeit gab es die Kräuterweihe, denn Griechen und Römer und nicht zuletzt die Völker Germaniens wußten um die Heilkraft der Pflanzen, besonders der Kräuter. Nicht von ungefähr empfahl Karl der Große den Anbau von 70 heilenden Kräutern in den kaiserlichen Gütern und Gärten, hatte er doch bei seiner Wallfahrt nach Rom 774 vieles Bedeutende über die Naturapotheke gehört. Und unter tausend Tieren und Pflanzen, die die Äbtissin Hildegard von Bingen in ihrer »Naturkunde« beschrieb, waren zahlreiche heilende Pflanzen.

Im 13. und 14. Jahrhundert stand anderes hoch im Kurs: die »Hexenkräuter«, etwa das Bilsenkraut, die Tollkirsche und die Weinraute, die besorgte Mütter ihren Töchtern in die Schuhe legten, weil es hieß, dies hemme die Liebeslust. Selbst in Brautkränze wurden diese Pflanzen gebunden, damit »nichts Unrechts an den Leib käme«.

Zwei Jahrhunderte später rückte einer, der weltberühmt werden sollte, dies wieder zurecht: Paracelsus, der eigentlich Theophrastus Bombastus von Hohenheim hieß. Sein Wahlspruch behielt über Jahrhunderte Geltung und hat heute höhere Bedeutung als je zuvor. »Alle Wiesen und Matten«, sagte er, »alle Berge und Hügel sind Apotheken.« Er kannte schon eine Fülle von Heilkräutern in der langen Reihe zwischen »Dr.« Alant und »Prof.« Zinnkraut. Mit seiner »Signaturenlehre« allerdings war selbst dieser große Arzt und Forscher noch dem Zeitgeist der Mystik und des Hexenglaubens verhaftet - der Lehre, Pflanzen nach ihrer äußeren Form dem entsprechenden kranken Körperteil zuzuordnen. So empfahl er, gegen den »Geschlechtstrieb bei Knaben« den hodenartigen Orchisknollen aus der Familie der Knabenkrautgewächse zu verwenden ...

Warum die Kräuterweihe in Deutschland am 15. August stattfindet, erklärt das »Pastoral-Liturgische Handbuch« damit, daß viele Kräuter erst zu diesem Zeitpunkt reif sind. Eine Legende indessen besagt, daß die Apostel, als sie drei Tage nach der Bestattung Mariens Leichnam nochmals sehen wollten, im Grab nicht diesen fanden, sondern eine große Fülle von Kräutern und Blumen.

Heilpflanzen-Suche in Indien

Jahrzehntelang hatte sich die Arzneimittelforschung westlich-abendländischer Prägung auf die Laborsynthese neuer Heilsubstanzen konzentriert. Einst genügte es, einige hundert chemische Verbindungen zu prüfen, um darunter ein neues Medikament zu finden. Inzwischen müssen 10 000 und mehr Substanzen durchgemustert werden, bis ein einziger neuer Wirkstoff entdeckt wird. Die »Trefferquote in der Syntheselotterie« (Wirtschaftswoche) sinkt immer weiter. Das geht ins Geld und kostet Zeit.

In den USA stiegen innerhalb der letzten vier Jahrzehnte die Entwicklungskosten für eine Pharma-Neuheit von 7,5 Millionen Dollar auf 150 Milliarden Dollar. 1989 gab die westdeutsche Pharmaindustrie (laut: Der Spiegel, 29/91 S. 184) vier Milliarden Mark für Forschung und Entwicklung aus, rund 15 Prozent ihres Umsatzvolumens. Heraus kamen nicht mehr als 24 neue Wirkstoffe, die therapeutisch genutzt werden können. Meist dauert es Jahre, bis ein neues Medikament die Hürden der Arzneimittelprüfung genommen hat. Auf der Suche nach Alternativen sind längst auch Industrieforscher in jene Weltregionen ausgeschwärmt, die vom Segen der Pharma-Synthese bislang nur wenig abbekommen haben. Rund 88 Prozent der Einwohner in den Entwicklungsländern sind nach Schätzungen der Weltgesundheitsorganisation (WHO) im Krankheitsfall auf die Kunst von Naturheilern und Medizinmännern angewiesen. Pflanzenextrakte, die sich im Laufe vieler Generationen bewährt haben, spielen in der vorwissenschaftlichen Volksmedizin die Hauptrolle.

Die Deutschen sind in Indien fündig geworden: In Bombay und Poona analysieren Hoechst-Wissenschaftler jährlich 20 000 Pilz- und Bakterienkulturen sowie rund 200 Heilpflanzen, die in der traditionellen indischen Ayurveda-Medizin gebräuchlich sind.

Allein die Natur, glaubt auch Gordon Cragg von der Abteilung Naturprodukte am amerikanischen National Center Institute, könne den Ratlosen weiterhelfen: Die Pflanzenwelt habe »während der Evolution unvorstellbar raffinierte Abwehrstoffe und Verbindungen entwickelt, die jeden Chemiker vor Neid erblassen lassen«.

Diesen immensen Pharma-Schatz, klagen auch andere Forscher, hat die Wissenschaft noch längst nicht gehoben: Rund 260 000 Arten von Blütenpflanzen gedeihen auf der Erde; nur rund 1 100 sind von den Experten bislang gründlich untersucht worden.

Mit verschiedenen indischen Universitäten bestehen eigene regelmäßige Kontakte auch über Pharmafirmen und ein Forschungsaustausch; aber nur einen kleinen Auszug davon aus eigener Erfahrung und Mithilfe wollen wir nachfolgend wiedergeben.

Die eigentümlichen Symptome wie auch eigenwilligen Dosierungen, Anwendungsempfehlungen und Eigenschaften haben wir dabei bewußt möglichst originalsprachlich (Sanskrit/Englisch) beibehalten. Es wurden lediglich dem besseren Verständnis dienende Indikationserläuterungen (Heilanzeigen) »verdeutscht«. Die »empfohlenen Anwendungen« stellen keine Anwendungsempfehlungen für den Leser dar, sondern sind für diesen rein informativ gedacht. Hingegen für Ayurveda-Ärzte oder besser gesagt Ärzte für Naturheilverfahren geben sie wichtige Hinweise für eigene Rezepturen. Um Schäden von der Bevölkerung fernzuhalten, sei somit ausdrücklich nochmals darauf hingewiesen, daß die Verarbeitung von Pflanzenextrakten nach vorliegender Literatur ausschließlich nach Beratung mit dem Hausarzt oder Heilpraktiker erfolgen soll!!!

Nr.: Name in Sanskrit Latein

Abhaya (Abb. 4)

Vorkommen: Abhaya wächst in der ganzen Welt, in Indien und Laos. In der Medizin nutzt man die Fruchtschale und den Samen.

Der Name in den verschiedenen Sprachen lautet:

Abhaya (Sanskrit), Alalekas (Kanada), Harad (Hindu), Karkkayi (Telugu), Kandakaji (Tamil) und Terminalia chebula (Latein).

Eigenschaften: Enthält 5 Geschmacksrichtungen - alle außer Salz, hat heiße Potenz.

Anwendungen: Wirkungsvoll bei Tridosha-Disharmonie. Gut für die Verdauung und ein starkes Verjüngungsmittel.

Es kann mit Zucker, Ingwer und mit Honig gegeben werden. Erhöht die körperlichen und geistigen Kräfte.

Weitere Anwendungen: Bei Heiserkeit in einer Dosis von 1 g mit Honig verabreichen, bei Drüsenvergrößerung als Salbe anwenden. Abhaya ist vorhanden in Triphala, einem weit verbreiteten Augentonikum; es wirkt auch der Verstopfung entgegen.

Alabukam

Vorkommen: wächst in ganz Indien. Der Stiel, die Wurzeln, Blüten, Samen und Früchte werden in der Medizin genutzt.

Der Name in den verschiedenen Sprachen lautet:

Alabukam (Sanskrit), Kahisoro (Kanada), Lank (Hindu), Sorakayi (Telugu), Sorakayi (Tamil), Laginaria lecantha (Latein).

Es gibt zwei Arten:

1.bitter,

2. süß.

Abbildung 4

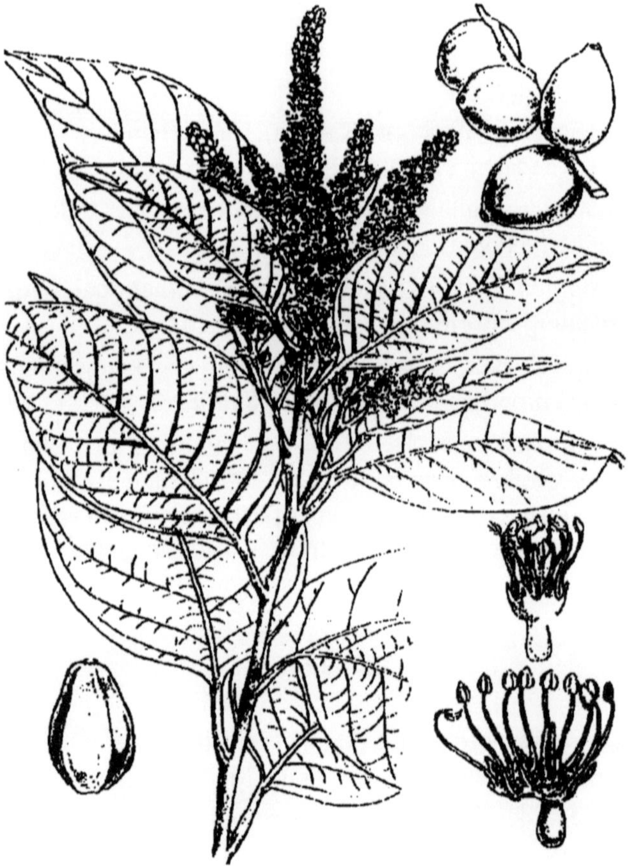

Terminalia chebula, retz.

Eigenschaften: Bittere Art: Der Samen ist zu empfehlen bei Husten, Atembeschwerden und Erbrechen. Süße Art: Süßer Geschmack, zusammenziehende Wirkung; wird verordnet bei Gallenbeschwerden, erhöht die Kraft im Körper, auch die Manneskraft.

Anwendungen: Bei nervösen Störungen; als Stärkungsmittel.

Chandrika

Vorkommen: Wächst in Tibet und in ganz Indien; nur der Samen wird in der Medizin genutzt.

Der Name in den verschiedenen Sprachen lautet:

Chandrika (Sanskrit), Allibheeja (Kanada), Chansur (Hindu), Adite (Telugu), Adiviraji-Adiviraji (Tamil), Lepidium Sativum (Latein).

Chemische Bestandteile: Die ganze Pflanze enthält ein angenehmes Öl (Valatile). Ferner sind enthalten: Protein - 23,5 %, Fett - 15,9 %, Kohlenstoff - 5,7 %, Phosphor - 1,65 %, Calcium - 0,31 % und Schwefel 0,9 %.

Eigenschaften:Es hat Laghu-Eigenart und ist scharf, stechend und bitter im Geschmack. Es hat heiße Potenz.

Anwendungen: Ein gutes Säuremittel, verdauungsfördernd und gegen Blähungen-, gut schleimlösend. Findet Anwendung bei Appetitverlust; wirkt harntreibend und kann daher auch bei Urinverhaltung angewendet werden.

Dosis: 2 bis 3g. Spezielles Präparat: Chatur Bija Churna.

Chaturangulam

Vorkommen: wächst in ganz Indien: die Wurzeln, Rinde, Blüten, Blätter und Früchte werden in der Medizin genutzt.

Hauptsächlich gibt es zwei Arten:

Eine klein- und eine großwüchsige.

Der Name in den verschiedenen Sprachen lautet:

Chaturangulam (Sanskrit), Hiriya Kakkeyamara (Kanada), Amatharus (Hindu), Rellikayi Cheetu (Telugu), Koraikayai (Tamil), Cassia fistula (Latein).

Eigenschaften: Bittersüßer Geschmack, bewirkt leichten Stuhlgang und hat heiße Potenz. Empfehlenswert bei Fieber, Harnstörungen, bei Würmern, Geschwüren und Fettleibigkeit.

Anwendungen: Bei Fettleibigkeit sollte das Pulver in einer Dosis von 1 g zweimal täglich mit Honig auf nüchternen Magen eingenommen werden - und das 1 bis 2 Monate lang. Das Gewicht des Patienten vor und nach der Behandlung sollte notiert werden.

Chinnaruha (Abb. 5)

Vorkommen: wächst in ganz Indien; ist ein Rankengewächs. Die Blätter und Stengel werden in der Medizin verwandt.

Die Namen in den verschiedenen Sprachen lauten:

Chinnaruha (Sanskrit), Amritaballi (Kanada), Gil (Hindu), Trippatige (Telugu), Sindalekodi (Tamil), Tinospora cordifolia (Latein).

Es gibt zwei Sorten: 1. Lata Guduchi, 2. Pindaguduchi

Eigenschaften: Bitterer und strenger Geschmack (zusammenziehend). Wirkungsvoll bei Hämorrhoiden und Hautkrankheiten. Bei *Vata*-Störungen wird der Saft mit Ghee eingenommen, bei *Pitta*-Störungen mit Zucker und bei *Kapha* mit Honig.

Anwendungen: Bei chronischem Fieber täglich eine Unze Saft mit der gleichen Menge Wasser zweimal täglich. Bei Herzkrankheiten, hervorgerufen durch *Vata,* sollte der Saft mit Pfeffer eingenommen werden. Bei Gicht und bei Gelbsucht muß der Saft aus den Blättern verabreicht werden.

Abbildung 5

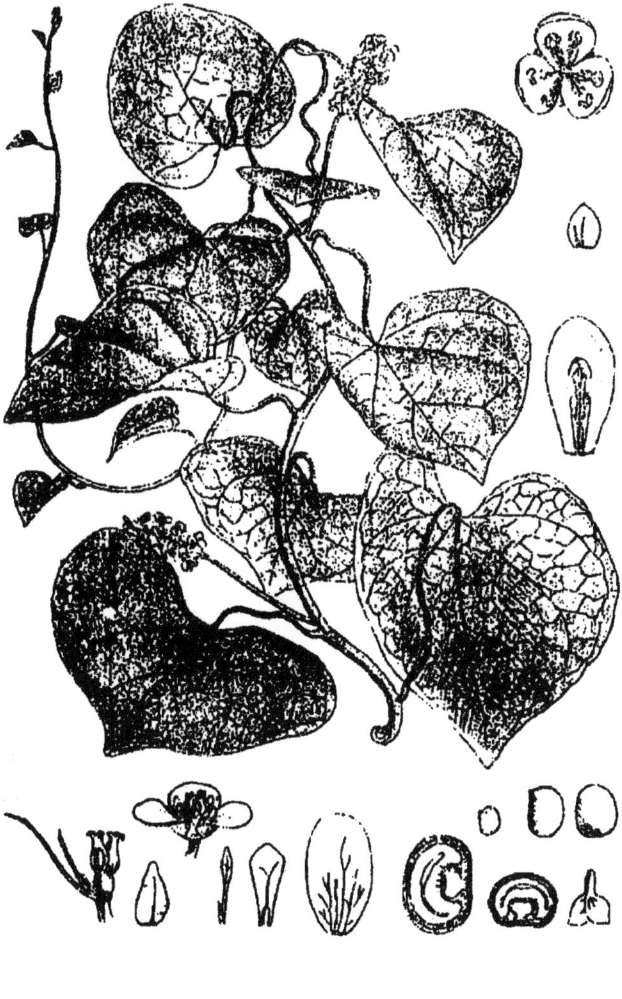

Tinospora cordifolia, Miers.

Dipyaka

Vorkommen: Wird in Indien angebaut, speziell in Bengalen, nur der Samen wird in der Medizin genutzt.

Der Name in den verschiedenen Sprachen lautet:

Dipyaka (Sanskrit), Sauna Vadakki (Kanada), Omam (Telugu), Ohmam (Tamil), Trachy spermum ammi (Latein).

Es gibt vier Arten: Vadakki, kleines Vadakki, Kurasanivadak und die Waldart Vadakki.

100 g Deepyaka enthalten:

1.	Kohlenstoffhydrat	- 37,2 g
2.	Protein	- 14,8 g
3.	Fett	- 16,5 g
4.	Calcium	- 1300 mg
5.	Phosphor	- 288 mg
6.	Eisen	- 133 mg

Eigenschaften: Bitterer Geschmack, heiße Potenz.

Anwendungen: Verbreitet angewandt bei Schleimbeschwerden und nervösen Störungen; erhöht die Verdauungskraft. Wird ebenfalls benutzt bei Schluckauf und Bauchbeschwerden (Blähungen) sowie Unterleibsdehnungen.

Bei brennendem Gefühl im Körper wird es als Salbe aufgetragen, ebenso bei Arthritis.

Wird benutzt als Dilution: 5 bis 15 Tropfen mit der gleichen oder doppelten Menge Wasser in Fällen von labiler Konstitution.

Eksharaka

Vorkommen: Eksharaka wächst in Indien in der Nähe feuchter Gegenden. Es gibt 2 Arten je nach Farbe der Blüten: weiß oder blau.

Der Name in den verschiedenen Sprachen lautet:

Eksharaka (Sanskrit), Kolavalka (Kanada), Taata Makhaana (Hindu), Niguritere (Telugu), Nirmali (Tamil), Asteracantha longifolia (Latein).

Die Wurzel, die Blätter und der Samen werden in der Medizin genutzt. Eksharaka hat einen süßen Geschmack und kalte/kühle Potenz.

Es stoppt Durchfall (Diarrhoe), erhöht die virile Kraft im Körper und mildert Schleimbeschwerden.

Eigenschaften: Die Blätter haben süßen und bitteren Geschmack.

Anwendungen: Zur Linderung von Bauch- und Unterleibssenkungen sowie Blähungen, bei Übersäuerung und Blutarmut, bei Kolikbeschwerden, Verstopfung und Urinverhaltung. Der Samen von Eksharaka hat einen süßen, strengen und bitteren Geschmack mit kalter Potenz. Hilft zur Förderung von Schwangerschaften und stoppt komplett Gallenbeschwerden.

Die Wurzel sollte gebrannt, gefiltert und getrocknet werden, daraus entsteht ein Granulat. Man benutzt es, um Gallensteine zu »bewegen«, und man sollte es eine Woche lang mit Reis- und Milchdiät (Nahrung) einnehmen in einer Dosis von 3 Körnern. Es wird als gut und effektvoll angesehen und kann auch Patienten verordnet werden, die an Arthritis und nervösen Störungen leiden.

Girimallika

Vorkommen: Girimallika wächst in Süd-Indien und Maharastra sowie in der Himalaya-Region. Es gibt zwei Arten davon:

1. dasmännlicheKutaja: SeineBlätter sind klein,und die Rinde ist weiß;
2. das weibliche Kutaja: Die Rinde ist schwarz, die Früchte sind klein.

Der Name in den verschiedenen Sprachen lautet:

Girimallika (Sanskrit), Kodasige (Kanada), Kudaiyasa (Hindu), Kodisaa Phala (Telugu), Veeppalaayi (Tamil), Kurchi (Engl.), Kutakaphala (Malayalam), Hollarrhena antidysenterica (Latein).

Eigenschaften: Girimallika hat einen scharfen, bitteren und strengen Geschmack (zusammenziehend) und ist aggressiv in der Wirkung.

Anwendungen: Es stoppt Durchfall und kann in einer Dosis von 5 bis 15 Körnern verabreicht werden. Es findet ebenfalls Anwendung bei Blut- und Gallenstörungen, Hautkrankheiten, Hämorrhoiden und übermäßigem Durstgefühl. Mit anderen Arzneimitteln zusammen mildert es Erbrechen, Hämorrhoiden, Juckreiz und Herzstörungen. Sein Samen trägt den Namen »Indraja«.

Die Kutaja-Samenkörner haben beißenden, bitteren Geschmack und sind von scharfer Wirkung. Sie helfen bei Gicht, Fieber und Durchfall, hervorgerufen durch brennendes Gefühl im Körper. Bei Amoeben-Ruhr und anderen Ruhrarten wird Kutajarista, ein Präparat aus Kutaja, als sehr wirkungsvoll angesehen: Eine Unze davon mit einer Unze abgekochten und abgekühlten Wassers, zweimal täglich genommen, nach den Mahlzeiten. Der Patient soll scharfes und aggressives Essen vermeiden.

Golomi (Abb. 6)

Vorkommen: Golomi wächst in ganz Indien in feuchten Gebieten.

Der Name in den verschiedenen Sprachen ist wie folgt:

Golomi (Sanskrit), Baje (Kanada), Baj (Hindu), Vadaj (Telugu), Chatinam (Tamil), Acorus calamus (Latein).

Es gibt 4 Arten:

1. rote Art,
2. Parasika,
3. Mahabari Vacha (Malaya Vacha),
4. Chopa chine.

Eigenschaften: Scharfer und bitterer Geschmack, heiße Potenz, Antischleimmittel.

Anwendungen: Lindert Schmerzen. Um Erbrechen zu stoppen, sollte es in einer Dosis von 5 bis 10 g mit Honig verabreicht werden.

Ein starkes Geistestonikum und auch ein Herztonikum; tötet Würmer ab und lindert Verstopfung. Hilft auch bei »Ausdehnung/Erweiterung« des Unterleibes/Bauches (Senkungen usw. sowie Blähungen).

Bei Epilepsie wird es zusammen mit »Ghee« verordnet. Außerdem nutzt man es bei vielen Beschwerden wie nervösen Störungen, Fieber, Durchfall (Diarrhoe), Erbrechen und »Geisteskrankheit«. Kann auch auf Drüsen aufgetragen werden, damit sie abschwellen.

Es ist ein harntreibendes Mittel und erhöht die Denkfreudigkeit.

Abbildung 6

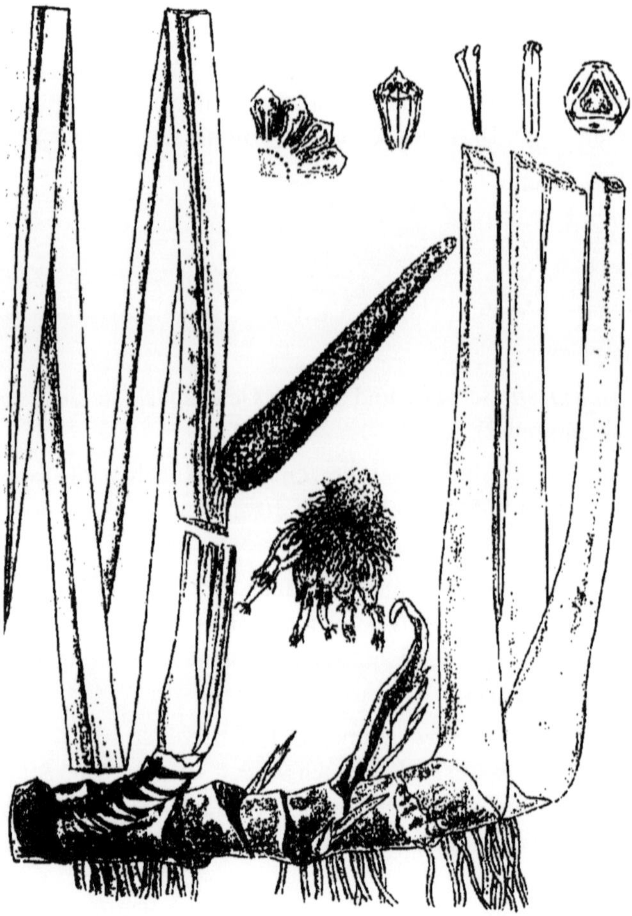

Acorus calamus, Linn.

Grihakumari

Vorkommen: Grihakumari wächst in Indien, vor allem im Süden, sowie in arabischen und afrikanischen Ländern.

Aloe-Kompositum ist bekannt bei Gebärmutterbeschwerden.

Wird z. B. von der Alarsin Company und Fa. LAM-Vertrieb, Dr. Luong de Hoang, vertrieben.

Der Name in den verschiedenen Sprachen ist wie folgt:

Grihakumari (Sanskrit), Lolisara (Kanada), Pinkter (Hindu), Ghadbamanaram (Telugu), Katulee (Tamil), Aloe vera (Latein).

Je nach Wachstumsort gibt es vier Arten:

1. in der Nähe des Roten Meeres,
2. in der Nähe von Assam,
3. in Mysore,
4. bei Jafarabad.

Eigenschaften: Bitterer und süßer Geschmack, kalte Potenz.

Nur die Blätter und der innere Teil werden in der Medizin verwendet.

Anwendungen: Bekannt bei der Heilung von Gelbsucht. Bei infektiöser Hepatitis wurde der Saft in vielen Fällen mit 100% igem Erfolg angewandt-, sogar bei Fällen, die in anderen medizinischen Behandlungsarten kein positives Resultat brachten.

Kann in einer Dosis von 1/2 bis 1 Unze verabreicht werden. Personen, die unter Husten leiden, Asthma, verschiedene Vergiftungen und Hautkrankheiten haben, können davon Gebrauch machen und Linderung erfahren.

Stimuliert erfolgreich Leber und Milz. Bei Drüsenvergrößerung, Hautausschlag, Haut- und Augenleiden, Verbrennungen, Fieber, Hämorrhoiden, Verstopfung und Nierenstörungen wird es sehr erfolgreich angewandt.

Guggulu (Abb. 7)

Vorkommen: in Assam, Mysore, Bengalen, in arabischen, afrikanischen und Sindhu-Ländern.

Der Name in Latein: Commiphora mukul.

In der Ashtang-Ayurveda-Literatur sind fünf Arten, eine Art Gummiharz erwähnt, nämlich:

1. Mahipauksha: Farbe ähnlich einer Biene, nützlich für Menschen und Elefanten.
2. Mahanila: blaue Farbe, nur für Elefanten.
3. Kumuda: Farbe ist ähnlich der Lotuspflanze, bei Pferden verwendet.
4. Padma: goldfarben, nur für Menschen bestimmt.

Eigenschaften: Leuchtend/glänzend mit strengem, bitterem Geschmack.

Anwendungen: Guggulu ist leicht verdaulich und kräftigt die Farbe. Es wird bei nervösen Störungen und Schleimbeschwerden angewandt, bei Nierenbeschwerden, Fettleibigkeit und Wunden. Guggulu muß nach seiner Reinigung benutzt werden.

Hilft bei Heilung von gebrochenen Knochen. Da man herausgefunden hat, daß es Cholesterin senkt, beugt es auch Herzerkrankungen vor. Wird häufig verwendet bei rheumatischer Arthritis, Blutstörungen, Hämorrhoiden und Kolikbeschwerden.

Es ist eines der zuverlässigen, nebenwirkungsfreien Mittel bei Osteo-Arthritis und rheumat. Arthritis und kann auch bei Muskelrheumatismus und Neuralgien verabreicht werden.

Wird in Indien vermerktet als »Guglip«, um Fettleibigkeit zu reduzieren.

Abbildung 7

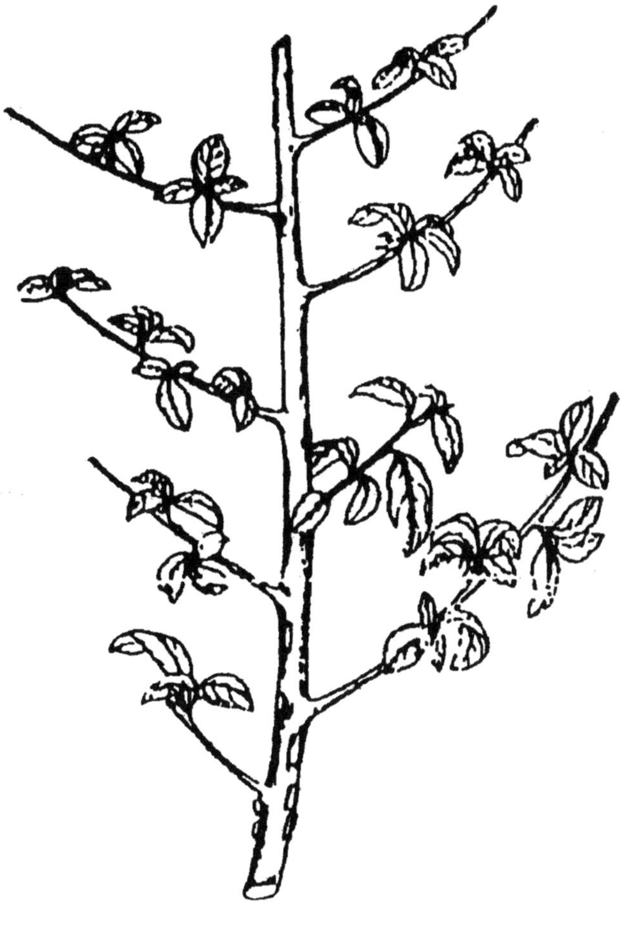

Commiphora mukul

Homodhanyam

Vorkommen: Homodhanyam wird in ganz Indien angebaut.

Samen und Öl werden in der Medizin verwandt.

Es gibt vier Sorten:

1. Sweta (weiß),
2. Rakta (rot),
3. Krishna (schwarz),
4. Vanyan - Wald-Art.

Der Name in den verschiedenen Sprachen lautet:

Homodhanyam (Sanskrit), Ellu (Kanada), Til (Hindu), Gudbalu (Telugu), Valleneya (Tamil), Sesamum indicum (Latein).

Eigenschaften: Strenger, bitterer und süßlicher Geschmack. Stark bei der Verdauung, streng und süßlich in Vipaka, heiße Potenz.

Häufige Anwendung bei Schleim- und Gallenbeschwerden. Ein Haartonikum, gut für die Haut (kühlt) und bei Wunden, ein Zahntonikum.

Anwendungen: Aus dem Homodhanyam-Samen bereitet man einen Absud, um Dysmenorrhoe und andere menstruelle Störungen zu erleichtern. 4 Teelöffel Tila mit 4 Glas Wasser werden gekocht und auf ein Glas reduziert um 6 Uhr morgens und nachmittags eingenommen mit der gleichen Menge abgekochten und abgekühlten Wassers, und dies für eine Zeit von 15 Tagen. Homodhanyam-Öl ist enthalten in vielen medizinischen Ölen, und es ist das beste Öl für sanfte Massagen. Es nimmt nicht nur den Schmerz, sondern gibt auch der Haut eine schöne Farbe. Bei Urinhemmung muß der Saft aus dem Stiel dem Patienten mit Honig und Ouark eine Woche lang verabreicht werden. Die Blüten werden als Haartonikum verwendet zusammen mit Gokshura, Honig und Ghee - zur äußerlichen Anwendung.

Indri

Vorkommen: Gibt es in ganz Indien.

Der Name in den verschiedenen Sprachen ist wie folgt:

Indri (Sanskrit), Havumekke (Kanada), Indrahin (Hindu), Verri (Telugu), Peyakamalu) Puchakayi((Tamil), Citrullus colocynthis (Latein).

Frucht: Es gibt drei Sorten:

1. klein,
2. groß,
3. kleine Varianten.

Eigenschaften: Stechender und bitterer Geschmack. »Heiß« nach der Verdauung und ebenso heiße Potenz.

Anwendungen: Erfolgreich angewandt in einer Dosis von 5 bis 15 Körnern (Granulat) bei: Phantom-Schmerzen, Gelbsucht, Übersäuerung, Husten, Fieber, Drüsenvergrößerung, krankhaften Harnbeschwerden und Verstopfung.

Das Öl ist wirksam, um weißes Haar in schwarzes zu wandeln. Sollte für mindestens 15 Tage bis 1 Monat oder länger angewandt werden.

Jatikosha

Vorkommen: wächst in Südindien.

Der Name in den verschiedenen Sprachen ist wie folgt:

Jatikosha (Sanskrit), Jaayikaayi (Kanada), Jayphal (Hindu), Jaayikeya (Telugu), Jaadikeyi (Tamil), Myristica fragrans (Latein).

Es gibt zwei Arten:
1. Sugandha Jayikayi (aromatisch),
2. Nirgandha Jayikayi (nicht aromatisch).

Folgende Nährstoffe sind in 100 g Jatikosha enthalten:

1. Vitamin A	- kleine Menge
2. Protein	- 7 g
3. Fett	- 28 g
4. Kohlenstoffhydrat	- 118 mg
5. Phosphor	- 230 mg
6. Eisen	- 11,9 mg
7. Calcium	- 117 mg

Eigenschaften: Im Haushalt nützlich als Heilmittel bei vielen kleinen Unpäßlichkeiten.

Anwendungen: ein wohltuendes, bekanntes Mittel bei folgenden Störungen: Hals-Rachen-Beschwerden, nervösem Durchfall und Harnstörungen. Hilft schnell zu verdauen und stärkt die virile Kraft im Körper. Außerdem ist es ein Herztonikum. Soll bei Erbrechen, Würmern und Husten zur Linderung verordnet werden. Es hilft, Mundgeruch zu beseitigen. Der Öl-Extrakt von Jatikosha heilt chronischen Durchfall, Bauchkrämpfe und Blähungen sowie nervöse Störungen. Kann äußerlich angewendet werden bei Hautkrankheiten. Die äußere Anwendung ist auch bei gebrochenem Fuß hilfreich. Man verabreicht es Kindern, um sie zu kräftigen und damit sie gut schlafen.

Dosis: 1 bis 15 Körnchen (Granulat).

Kadabhi

Vorkommen: Kadabhi wächst in Kashmir und Punjab.

Der Name in den verschiedenen Sprachen ist wie folgt:

Kadabhi (Sanskrit), Doddagunge Bheeja (Kanada), Malakengeri (Hindu), Bekkada Tege (Telugu), Valudai (Tamil), Celastrus panniculata (Latein).

Es gibt zwei Arten - eine kleine und eine große - je nach Größe, deren Samen und Öl in der Medizin verwendet werden.

Eigenschaften: Bitterer und strenger Geschmack, heftige Potenz.

Anwendungen: Wird umfassend benutzt bei nervösen Störungen, bei brennendem Gefühl, Schwierigkeiten beim Wasserlassen, bei Syphilis und Anämie. Steigert die Intelligenz, das Gedächtnis und den Einfluß auf Gehirn und Seele.

Dosis: 5 bis 15 Körnchen (Granulat).

Das Öl (Extrakt aus dem Samen) hat bitteren Geschmack und heiße Potenz; wird bei nervösen Störungen angewandt, ebenso bei brennendem Gefühl und anderen Gallenkrankheiten sowie bei komplizierter Dysharmonie des Säurehaushalls. Sollte mindestens 8 Tage lang verabreicht werden. Ist vorhanden in der Gruppe der Mittel zur Reinigungstherapie.

Kankollakam

Vorkommen: Kankollakam gibt es nicht in Indien, aber in Sumatra und Malaya. Nur die Frucht wird in der Medizin verwendet.

Der Name in den verschiedenen Sprachen:

Kankollakam (Sanskrit), Balamenasu (Kanada), Kababchini (Hindu), Vilamelako (Tamil), Piper cubeba (Latein).

Eigenschaften: Streng und bitter, heiße Potenz.

Anwendungen: Heilt Vata und Schleimbeschwerden; entfernt Mundgeruch. Es erhöht den Appetit und den Geschmack der Speisen. Man wendet es an bei Herzkrankheiten, juckenden Wunden, Erbrechen, Hautkrankheiten und Urinstörungen. Bei Schwellungen im Körper, hervorgerufen durch Urinbeschwerden, sollte es in Form von Absud verabreicht werden. Selbst wenn eine Harnleiterentzündung nicht auf Antibiotika anspricht, kann es unverzüglich zur Linderung und Heilung solcher Patienten kommen.

Dosis: 5 bis 15 g Pulver.

Karavi

Karavi enthält Insulin. Dies ist eine Erkenntnis der neuzeitlichen Nachforschungen in der Allopathie (Schulmedizin), jedoch haben es unsere Vorfahren schon vor 5000 Jahren bei Diabetes angewandt.

Der Name in den verschiedenen Sprachen lautet wie folgt:

Karavi (Sanskrit), Hagalakai (Kanada), Karel (Hindu), Kakara (Telugu), Pakal (Tamil), Momordica charantia (Latein).

Die Zusammensetzung von 100 g Karavi:

1. Vitamin A	- 200 1. E.
2. Vitamin Bl	- 68 mg
3. Vitamin B2	- 90 mcg
4. Vitamin C	- 86 mg
5. Fett	- 0,75 g
6. Protein	- 81 g
7. Kohlenstoffhydrat	- 8,5 g
8. Eisen	- 5 mg
9. Calcium	- 33 mg

Es gibt hauptsächlich zwei Arten, nämlich:

1. Deergha: lang, bitterer Geschmack, weiße Farbe,
2. Hrasava: sehr bitter, klein, grüne Farbe.

Eigenschaften: Bitterer Geschmack, beißende Eigenschaft, heiße Potenz.

Anwendungen: Wird als Gemüse genutzt. Sehr wirkungsvoll bei den folgenden Störungen:

1. Gelbsucht
2. Anämie
3. Diabetes mellitus (Zucker)
4. Galle- und Blutstörungen
5. Urinstörungen
6. Husten
7. Asthma

Übermäßig zu sich genommen, bringt es eine Verschlimmerung von *Pitta*- und Blutstörungen. Die Dosis von 1/2 bis 1 Unze pro Tag reduziert Blut- und Urinzucker und sollte unter ärztlicher Überwachung verabreicht werden.

Karkotika

Vorkommen: Rohrzucker wird in ganz Indien angebaut.

Nur Stamm und Wurzel werden in der Medizin genutzt.

Es gibt fünf Arten:

1. Weißer Rohrzucker (sita),
2. Patapati Rohrzucker (pundreha),
3. Rasamalae Rohrzucker (karmakekshu),
4. Block-Rohrzucker (krishnaha),
5. Roter Rohrzucker (Raktaha).

Der Name des Rohrzuckers in den verschiedenen Sprachen lautet:

Karkotika (Sanskrit), Kabbu (Kanada), Ganna (Hindu), Cheraka (Telugu), Ekku (Tamil), Saccharum officinarum (Latein).

Eigenschaften: Die Rasamalae-Art hat einen salzigen Geschmack.

Anwendungen: Wird als Stärkungsmittel benutzt und um Anlagen zu Blutungen abzuwehren, z. B. Nasenbluten, Bluten aus den Augen, aus Mund, Gebärmutter und Anus.

Der Rohrzuckersaft gibt dem Körper Kraft-, ebenfalls wirkungsvoll bei *Vata-Pitta*-Störungen.

Es erhöht *Kapha* (Schleim)-Bildung im Körper sowie die Urinbildung und hat starke Wirkung bei der Verdauung.

100 g Rohrzucker enthalten folgende Nährstoffe:

1.	Vitamin A	- 180 I.E.
2.	Vitamin Bl	- 10 mcg
3.	Kohlenstoffhydrat	- 52 g
4.	Calcium	- 70 mg
5.	Protein	- 0,3 mg
6.	Fett	- 0,3 mg

Karphalaha

Vorkommen: Karphalaha wächst in Indien in den Bergregionen.

Es gibt zwei Arten:

1. klein,
2. groß.

In den verschiedenen Sprachen hat es folgende Namen:

Karphalaha (Sanskrit), Tarekayi (Kanada), Baheda (Hindu), Tadikayi (Telugu), Akkodan (Tamil), Terminalia belerica (Latein).

Eigenschaften: Nur die Frucht wird verwendet: bitterer und strengbeißender Geschmack, heiße Potenz. Süß in Vipaka.

Anwendungen: Kann bei Husten verabreicht werden in Form von Pulver oder in einer Dosis von 5 bis 15 Körnchen (Granulat) zusammen mit Honig. Um den gesunden Haarwuchs zu fördern, kann es benutzt werden zur Herstellung eines Öls, das auf den Kopf aufgetragen wird.

Es ist gut für die Augen. Man nutzt es auch als Pulver. Obwohl es beim Anfühlen kalt ist, hat es heiße Potenz.

Wenn jemand über Heiserkeit klagt, sollte es als Pulver eingenommen werden zusammen mit Honig.

Bei folgenden weiteren Beschwerden kann es verabreicht werden: Rachen-Kehle-Beschwerden, Herz- und Hautstörungen sowie Gallenbeschwerden. Das daraus zubereitete Öl hat einen süßen Geschmack.

Kalte Potenz: Patienten, die stark an Asthma leiden, sollten das Pulver zusammen mit Honig einnehmen; ebenso bei Herzschmerzen. Wird es verbrannt, stoppt die Asche Durchfall (Diarrhoe); auch bei brennendem Gefühl sollte es angewandt werden.

Kasari

Vorkommen: Kasari wächst in Südindien im Himalaya-Gebiet und in Burma.

In der Medizin nutzt man die Wurzel, den Samen und die Blätter.

Der Name in den verschiedenen Sprachen ist wie folgt:

Kasari (Sanskrit), Dodda Tagacha (Kanada), Kosondi (Hindu), Kasda (Telugu), Pevarirai (Tamil), Cassia occidentalis (Latein).

Anwendungen: Mit guter Wirkung eingesetzt bei nervösen Störungen und Schleimbeschwerden. Der aus den Blättern bereitete Absud hilft bei Schluckauf und Asthma.

Kann problemlos als Salbe bei Hautkrankheiten aufgetragen werden mit Schwefel und Arsenik. Ansonsten kann es mit Öl zur Heilung von Otitis media (Ohrspeicheldrüsenentzündung) angewandt werden. Zum Entziehen des Giftes bei einem Skorpionbiß kann man es in einer Dosis von 5 bis 15 g verabreichen. Es ist vorhanden in einer Gruppe von Mitteln zur Linderung von Husten.

Kashmari

Vorkommen: Kashmari wächst im Himalaya-Gebiet, in Nilgiri, den östlichen und westlichen Gebirgspässen.

Die Frucht wie auch die Wurzel werden genutzt.

Der Name in den verschiedenen Sprachen lautet wie folgt:

Kashmari (Sanskrit), Shivamimara (Kanada), Kaayphala (Hindu), Budam (Telugu), Marudampatna (Tamil), Gmelina arborea (Latein).

Es gibt zwei Arten:

1. Hiriya Shivani (groß),
2. Hrasva Shivani (klein)

Eigenschaften: Es hat einen bittersüßen Geschmack, eine heftige (starke) Wirkung und heiße Potenz.

Anwendungen: Lindert Blutsturzbeschwerden, Fieber, Durst, Vergiftung und die *Tridoshas, Pitta und Kapha.* Die Blüten des Kashmari schmecken bittersüß. Es findet Anwendung bei Gallen- und Blutstörungen, fördert Stärke und die virile Kraft im Körper. Außerdem wird es benutzt bei Blutungen, Gicht, bei brennendem Gefühl im Körper und bei Herzbeschwerden. Es fördert den Körperhaarwuchs, erhöht die Intelligenz, wirkt als Verjüngungsmittel und begünstigt die Gewichtszunahme.

Bei Schleim- und Gallenstörungen kann man das aus Kashmari gewonnene Öl verwenden - es hat süßlichen Geschmack.

Kashmira

Vorkommen: Wächst in Kashmir und Spanien.

Genutztwerden die Pflanzenblätter.

Der Name in den verschiedenen Sprachen lautet:

Kashmira (Sanskrit), Kasari (Kanada), Jafron (Hindu), Kumkum (Telugu), Kongamalu (Tamil), Crocus sativus (Latein).

Es gibt hauptsächlich drei Arten:

1. Kashmira:	Gibt es in Kashmir. »Padmagandhi« wird die beste Art bezeichnet.
2. Bhalik:	hat weiße Farbe.
3. Parasik-Kukum:	Ist leicht weiß-, dies ist eine gute Abart.

Eigenschaften: Kashmira hat scharfen, bitteren Geschmack und heiße Potenz.

Anwendungen: Folgende Beschwerden können damit geheilt werden: Schleimbeschwerden, Wunden, Krätze, Kopfweh und Vergiftungen; kann auch verwendet werden bei brennendem Durstgefühl und Schwitzen. Es bringt Ruhe in Körper und Geist. Bei Schluckauf sollte es in Intervallen in einer Dosis von 5 bis 10 Körnern verabreicht werden.

Kovidara (Abb. 8)

*Vorkommen: W*ächst in ganz Indien, wird auch »Red Mandara« genannt.

Die Rinde und die Blüten werden in der Medizin verwandt.

Es gibt drei Arten je nach Farbe der Blüten:

1. Weißer Kovidara,
2. Gelber Kovidara,
3. Roter Kovidara.

Der Name in den verschiedenen Sprachen ist wie folgt:

Kovidara (Sanskrit), Kanchuvala (Kanada), Kochonnar (Hindu), Davakran Channamu (Telugu), Segapo menthari (Tamil), Bawhinia variegate (Latein).

Eigenschaften: Strenger Geschmack (zusammenziehend).

Anwendungen: Stoppt Durchfall (Diarrhoe), heilt Wunden oder Geschwüre bei Haupttuberkulose und Drüsenentzündung. Der Absud oder das Pulver sind zur inneren bzw. äußerlichen Anwendung gedacht. Hilft auch bei Mastdarmvorfall und kann angewandt werden bei Hautkrankheiten, ebenso fördert es den Haarwuchs. Weißer Kovidara hat süßen Geschmack und hilft bei folgenden Beschwerden: Asthma, Husten, Erkältung, Blut- und Gallenstörungen sowie Leukämie.

Gelbblütiger Kovidara wird bei Dysurie (Harnentleerungsbeschwerden) mit gutem Erfolg benutzt.

Die Blüten haben süßen Geschmack.

Wird auch angewandt bei Blutsturzkrankheit und bei Kopfschmerzen.

Abbildung 8

Bawhinia variegate

Krimijagdam

Vorkommen: Wächst im Himalaya-Gebiet, Assam und Bhootan.

Krimijagdam wird auch Anuradha Nakshatra-Baum genannt.

Seine Rinde und das Öl werden benutzt; es gibt fünf Arten:

1. Krishna agaru (schwarz),
2. Kalayueka agaru (gelb),
3. Kastagaru,
4. Ihaagaru,
5. Mangalagaru.

Der Name in den verschiedenen Sprachen lautet:

Krimijagdam (Sanskrit), Aglo (Kanada), Agor (Hindu), Krishna agaro (Telugu), Krishnagaru (Tamil), Aquilaria agallocha (Latein).

Eigenschaften: Streng/scharf, heiße Potenz und fettig, ölig.

Anwendungen: Lindert *Vata*- und *Kapha*-Störungen und kann bei Augenentzündungen, Haut- und Ohrenkrankheiten angewandt werden. Erhöht *Pitta.* Wird verabreicht bei Asthma zusammen mit anderen Medikamenten. Um Erkältungen abzuwehren, kann es mit Wasser und Honig eingenommen werden.

Dosis: 5 bis 15 Körnchen

Krishnamuli (Abb. 9)

Vorkommen: Wächst in ganz Indien, vor allem in Kerala, Bombay, Bengalen und Lanka. Nur die Wurzeln werden genutzt, und es gibt hauptsächlich zwei Arten:

1. Schwarzer Krishnamuli,
2. Weißer Krishnamuli.

Der Name in den verschiedenen Sprachen lautet:

Krishnamuli (Sanskrit), Kariya Sogadeberu (Kanada), Anantamool (Hindu), Muktapulugum (Telugu), Naannari (Tamil), Hemidismus indicus (Latein).

Eigenschaften: Beide Arten Krishnamuli haben süßen Geschmack und kalte Potenz.

Anwendungen: Lindert Schleim- und Gallenbeschwerden, Anorexia (Untergewicht) und Blutsturzstörungen, Pruritus (Hautjucken), Menorrhagie (verlängerte menstruelle Blutungen) und Durchfall, bedingt durch Fieber. Hilft bei Vergiftung, Husten und ekligem Körpergeruch. Es erhöht die Samenmenge.

Kuchaphalam

Vorkommen: Kucha wächst in ganz Indien, Afrika und im Iran.

Der Name in den verschiedenen Sprachen lautet:

Kuchaphalam (Sanskrit), Dalimbhe-Hannu (Kanada), Annar (Hindu), Danimma (Telugu), Modavai (Tamil), Punica granatum (Latein).

Die Zusammensetzung von 100 g ist wie folgt:

1. Vitamin A - 199 I.E.
2. Vitamin B2 - 199 mcg
3. Oxalsäure - 198 mcg
4. Phosphor - 68 mg
5. Calcium - 19 g
6. Kohlenstoffhydrat - 14 g
7. Protein - 13 g
8. Kalium - 16 g
9. Natrium - 3,5 g

Abbildung 9

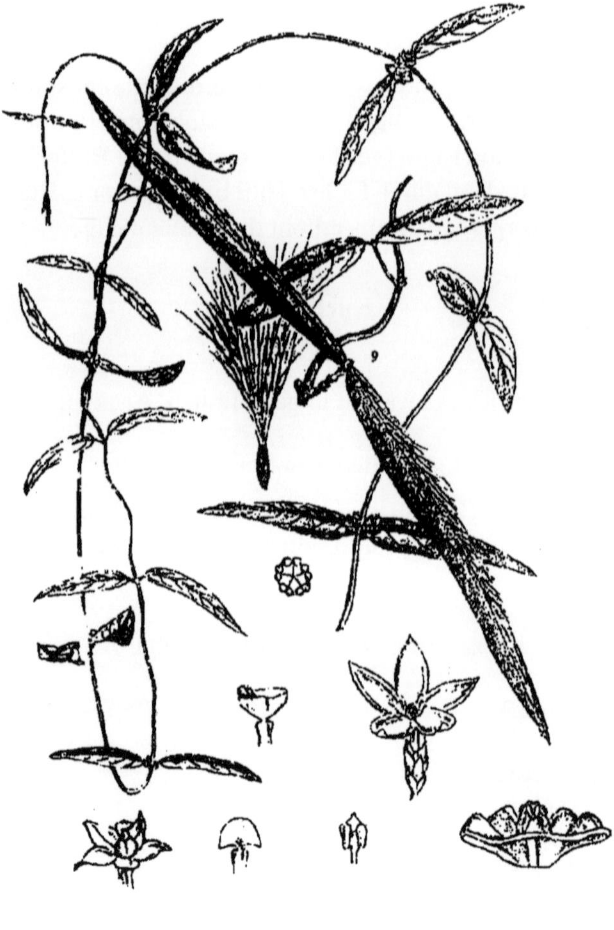

Hemidismus indicus

Eigenschaften: Es gibt zwei Arten, süß und sauer. Je nach Lage (Platz) kommen vier Arten vor: Kabol, Chintamani, Kweta usw. Es hat süßen, sauren und strengen Geschmack, ist ölig, fettig und hat heiße Potenz.

Anwendungen: Die Frucht erhöht die Intelligenz; ist gut für die Kehle und den Rachen und hilft bei Erbrechen, wenn es in einer Dosis von 5 bis 15 Körnchen eingenommen wird. Es wird verwendet zur Linderung *von Tridoshas* im Körper, hilft bei brennendem Gefühl im Körper, dem Rachen, der Kehle, bei Fieber und kann auch als Herztonikum verwendet werden. Wird häufig angewendet bei Gallenstörungen. Kuchaphalam erhöht *Pitta* und lindert rheumatische Arthritis sowie Schleimbeschwerden.

Bei Ruhr sollte man den Kuchaphalam-Absud trinken - ebenso auch bei Syphilis. Bei Lungentuberkulose benutzt man es mit einer knappen Menge arzneilichen Ingwers (Kulatha), zusammen mit einer angemessenen Menge Ziegenfleisch.

Die Suppe lindert Husten, Kopfweh, Schmerzen in der Brust, brennendes Gefühl und tuberkulöses Fieber. In mehreren Fällen wurde dies mit gutem Erfolg praktiziert.

Um Durchfall zu stoppen, muß die Frucht in einer Art frischen Saft-Extrakt vermischt und der Saft zusammen mit Honig eingenommen werden.

Kulatha

Vorkommen: Kulatha oder »Horse gram« wächst in ganz Indien, speziell in Bombay, Tamilnadu und Karnataka.

Der Name in den verschiedenen Sprachen ist wie folgt:

Kulatha (Sanskrit), Hurali (Kanada), Kulithi (Hindu), Kollo (Telugu), Ulavallu (Tamil), Dolichos biflorus (Latein).

100 g »Horse gram« enthalten folgende Nährstoffe:

1. Vitamin A	- 125 I. E.
2. Vitamin B2	- 200 mg
3. Vitamin Bl	- 189 mg
4. Natrium	- 30 mg
5. Kalium	- 300 mg
6. Calcium	- 250 mg
7. Eisen	- 6,5 mg
8. Protein	- 20 mg

Hauptsächlich gibt es vier Sorten:

1. Weiß,
2. Dick,
3. Schwarz,
4. Chitra - Klassifizierung je nach Wuchs im Wald oder im Dorf.

Anwendungen: Wird benutzt bei Harnsteinen. Zur Förderung der Menstruation wird es in einer Dosis von 1 Unze mit der gleichen Menge Wasser verabreicht, und zwar zweimal täglich; ein gutes Mittel bei *Vata*-Störungen.

Kulinkae

Vorkommen: Wächst im Himalaya-Gebiet, Nepal und Assam.

Der Name in den verschiedenen Sprachen lautet:

Kulinkae (Sanskrit), Karkata shrungi (Kanada), Kakkatti Shringi (Tamil), Pistacia integerima (Latein).

Es gibt zwei Sorten:

1. Kulinkae,
2. Garshe Hambu.

Eigenschaften: Bitterer und zusammenziehender Geschmack.

Anwendungen: Lindert die folgenden Beschwerden: Husten, Asthma, Tuberkulose, Erbrechen, Durst, Anorexia (Untergewicht). Hat der Patient Asthma, sollte es mit Honig verabreicht werden. Kulinkae ist vorhanden in der Gruppe der Heilmittel, die Husten lindern.

Kunchika

Vorkommen: Kunchika wächst in ganz Indien und wird zweifach genutzt: als Heil- und als Waldpflanze.

Nachstehend die Bezeichnungen in verschiedenen Sprachen:

Kunchika (Sanskrit), Mentya (Kanada), Methi (Hindu), Mentilu (Telugu), Vendayam (Tamil), Trigenella (Foenum), Gracecum (Latein).

In 100 g sind enthalten:

1. Vitamin A	- 6000 I.E.
2. Vitamin Bl	- 48 mcg
3. Vitamin B2	- 160 mcg
4. Eisen	- 16 mg
5. Calcium	- 450 mg

6. Fett	- 0,25 g
7. Protein	- 3,5 g
8. Kohlenstoffhydrat	- 9 g

Eigenschaften: Scharf und bitter im Geschmack, mindert Schleim und Fieber, lindert Husten und Gicht, Wurmbakterien, Hautkrankheiten und nervöse Unpäßlichkeiten.

Anwendungen: Ein erwiesenes Antidiabetesmittel bei täglichem Gebrauch. Dosierung: 1 bis 5 g mit heißem Wasser.

Kusthumbaru

Dies ist ein Mittel, das im Haushalt sehr häufig Verwendung findet,. z. B. bei der Zuibereitung von Chutney und Sambar usw.

Der Name in den verschiedenen Sprachen lautet wie folgt:

Kusthumbaru (Sanskrit), Kottambari (Kanada), Daniya (Hindu), Dlianiyalu (Telugu), Kothamalli (Taniil), Coriandrum sativutn (Latein).

In 100 g Koriander sind enthalten:

1. Vitamin A	- 8600-12 000 I.E.
2. Vitamin BI	- 48 mca
3. Vitamin B2	- 50 mcg
4 .Vitamin C	- 130 mg
5. Kalium	- 450 mg
6. Natrium	- 3 mg
7. Calci uni	- 140 mg
8. Phosphor	- 58 mg
9. Kohlenstoffhydrat	- 4 g
10. Eisen	- 7 mg

Eigenschaften: Die Blätter besitzen eine schweißtreibende Wirkung und eine Kältewirkung; daher mildern sie Leber- und Gallenstörungen.

Anwendungen: Bei einem brennenden Gefühl im Körper-, wenn jemand übermäßiges Durstgefühl verspürt, sollte er kalte Korianderaufgüsse zu sich nehmen. Bei Auswurf zeigt es gute Wirkung, ebenso bei Anorexia-Fieber, bei Hämorrhoiden, Asthma, Husten, Schmerzen und Unterleibskoliken (Krämpfen).

Es kann als Salbe verwendet werden bei der Narbenbehandlung, bei Schwellungen, Wucherungen, bei brennendem Gefühl in tuberkulösen Wucherungen (Geschwulsten).

Koriander ist ein sehr bekanntes Mittel, das folgende Krankheiten lindert: Herzleiden, Erbrechen, Augenleiden und Durstgefühl. Koriander hat eine zusammenziehende Wirkung und einen bittersüßen Geschmack. Er wirkt harntreibend. Man kann ihn Kindern verabreichen zusammen mit Reiswasser (Wasser, in dem Reis gewaschen wurde). Bei Fieber bewirkt er Schwitzen und heilt bei Erbrechen. Er wurde mit Erfolg bei Patienten in der Schwangerschaft mit Erbrechen angewandt.

Lashuna (Abb. 10)

Lashuna ist ein bekanntes Arzneimittel, um hohe Cholesterinwerte im Blut zu senken, und schützt daher auch vor Herzinfarkt.

Nachstehend der Name in den verschiedenen Sprachen:

Lashuna (Sanskrit), Bellulli (Kanada), Lashun (Hindu), Telageede (Telugu), Velluti (Tamil), Garlic (Engl.), Soom (Arab.) Siyar (Pers.), Thoom (Sindi), Rashun (Bengali), Allium sativum (Latein).

Abbildung 10

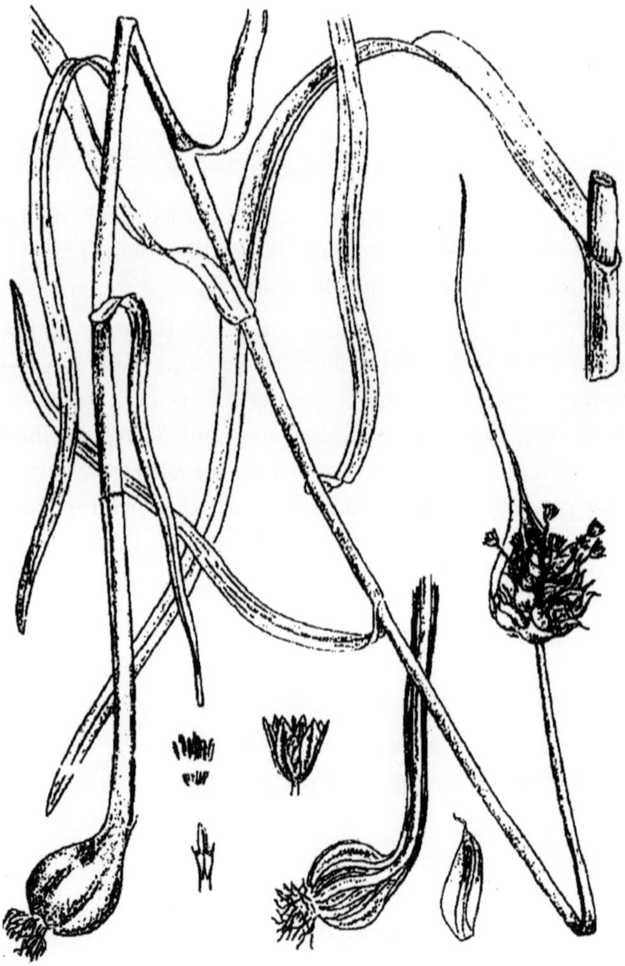

Allium sativum, Linn

Es gibt drei Sorten Lashuna:

1. kleines Format,
2. großes Format,
3. gelbfarbig.

In 100 g Lashuna sind enthalten:

1. Protein	- 3,4 g
2. Eisen	- 1,7 g
3. Kohlenstoffhydrat	- 28 mg
4. Fett	- 0,45 g
5. Calcium	- 27 mg
6. Phosphor	- 309 mg
7. Vitamin C	- 13 mg

Anwendungen: Lashuna wird bei der Zubereitung von Gemüse- und Hammelfleischsuppe und in Europa mittlerweile in sehr vielen Speisezubereitungen verwandt. Es besteht u. a. aus verschiedenen Sulfiden.

Bei Osteomyelitis (Knochenhautentzündung) wird aus den Blättern und Lashuna eine Paste bereitet, die auf die Wunde aufgetragen wird.

Bei Gesichtslähmungen wird Lashuna mit Milch zerrieben und dem Patienten sieben Tage lang verabreicht. Es gilt als erfolgreiche Behandlung bei vielen Patienten mit Gesichtslähmungen.

Bei Alopecia (Haarausfall) wird es am Kopf angewandt zusammen mit Brahmin.

Bei rheumatischer Arthritis wirkt es Wunder.

Bei Skorpionstichen sollte es mit Senf verabreicht werden. Bei Verjüngungstherapien wird Lashuna ebenfalls verwendet, ebenso bei Unterleibsschmerzen (Bauch); es ist gut für den Rachen

(Kehle) und verstärkt die Gesichts- und Hautfarbe und gibt Kraft. Es ist außerdem gut für die Augen.

Bei Bluthochdruck sollte eine Zehe von Lashuna in vier Tassen Wasser aufgekocht werden, reduziert auf ein Glas wird es den Hochdruck senken.

Madhupuspaka (Abb. 11)

Vorkommen: Wird in ganz Indien angebaut, besonders in Karnataka, Bombay, Madhyapradesh, Bengal, Südindien und Lanka.

Name in den verschiedenen Sprachen:

Madhupuspaka (Sanskrit), Hippeya gida (Kanada), Mahuva (Hindu), Eppachettu (Telugu), Ellupi (Tamil), Bassia latifolia (Madhuca indica) (Latein).

In der Medizin werden die Blüten, Früchte, die Rinde, der Samen, Taila (Öl) und die Blätter verwandt.

Eigenschaften: Süß im Geschmack, kalte (kühle) Wirkung/Kraft. Lindert Gallenschmerzen und brennendes (heißes) Gefühl/Empfindungen. Erhöht Kraft und Virilität im Körper.

Anwendungen: Den Absud nutzt man zum Reinigen von Geschwüren. Ist ebenso effektvoll bei Schleimbeschwerden und nervösen Störungen; es ist ein Herz-Tonikum, und bei seiner Anwendung steigt das Körpergewicht (Stärkungsmittel).

Bei Durchfall und Ruhr soll die Rinde pulverisiert und in einer Dosis von 2 bis 5 g zweimal täglich während 14 Tagen verabreicht werden. Bei chronischem Fieber wird ein Auszug der Blattflüssigkeit verordnet.

Beim Sprue-Syndrom (durch Resorptionsstörungen gekennzeichnete Erkrankung des Verdauungskanals) werden Präparate aus

Abbildung 11

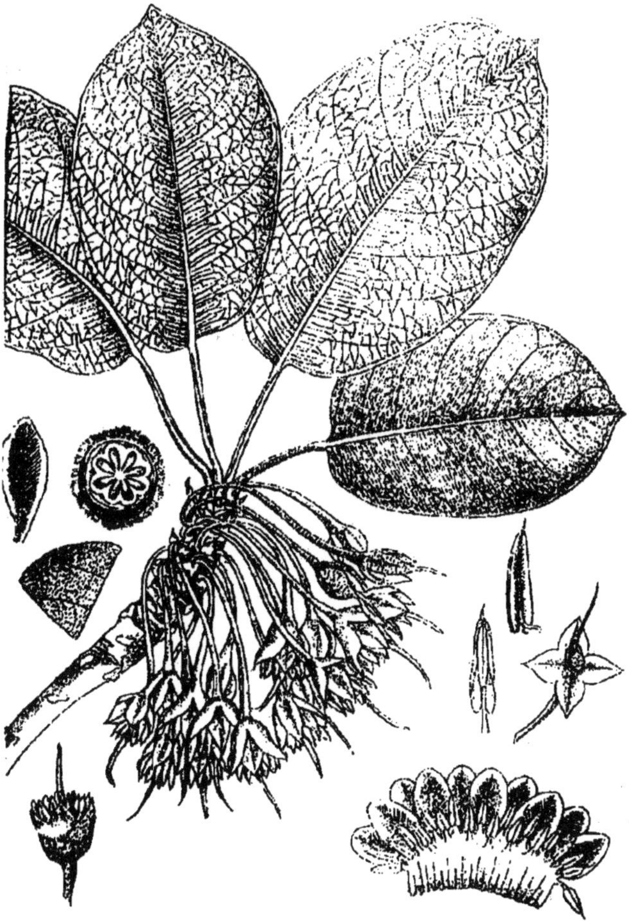

Bassia latifolia, Roxb.

dieser Pflanze, wie Madhukarista, Madhvasava, in einer Dosis von 1 Unze mit der gleichen Menge abgekochten und abgekühlten Wassers verabreicht.

Bei Blutsturzbeschwerden (Haemorrhagie) soll Madhupuspaha aus der Rinde zubereitet, in einer Dosis von 200 mg zweimal täglich verordnet werden.

Mahakoshataki (Abb. 12)

Vorkommen: wird in ganz Indien angebaut.

Der Name in den verschiedenen Sprachen lautet wie folgt:

Mahakoshataki (Sanskrit), Tuppada Herekai (Kanada), Nenua (Hindu), Enu gavira (Telugu), Gutti veera (Tamil), Luffa acutangula (Latein). Familie: Cucurbitacae

Eigenschaften: Es gibt zwei Arten:

1. süßlicher Geschmack,
2. bitterer Geschmack.

Die süße Art wird überwiegend als Gemüse verwendet, die bittere in der Medizin.

100 g setzen sich wie folgt zusammen:

1.	Vitamin A	- 56,41. mcg
2.	Vitamin B1	- 60 mcg
3.	Vitamin B2	- 9 mcg
4.	Calcium	- 35mg
5.	Phosphor	- 38 mg
6.	Eisen	- 1,5 mg
7.	Kohlenstoffhydrat	- 4 mg
8.	Protein	- 0,3 mg
9.	Fett	- 0,3 mg

Abbildung 12

Luffa acutangula, Roxb.

Für den medizinischen Bereich benutzt man die Blüten, Samen und Blätter.

Anwendungen: Die bittere Art wird mit großem Erfolg bei folgenden Krankheiten angewandt: Husten, Unterleibsbeschwerden, Toxicose, Kehle/Rachenschleim-Beschwerden, Fieber, Gallenstörungen und nervöse Beschwerden.

Die süße Art wird verabreicht bei Unterleibssenkungen, Blähungen und heilt bei Würmern, es zählt zu der Gruppe von Mitteln, die auch für den oberen Körperteil angewandt werden.

Maricha (Abb. 13)

Vorkommen: Pfeffer wird in Kerala und Malnad von Karnataka angebaut. Es gibt zwei Sorten - je nach Farbe:

1. schwarzer Pfeffer,
2. weißer Pfeffer.

Es folgen die Namen in den verschiedenen Sprachen:

Maricha <Vellaja> (Sanskrit), Menanu (Kanada), Kalimirch (Hindu), Meriyalu (Telugu), Malagu (Tamil), Piper nigrum (Latein).

100 g Pfeffer enthalten:

1.	Kohlenstoffhydrat	- 45 9
2.	Vitamin C	- 24,5 g
3.	Calcium	- 240 mg
4.	Phosphor	- 190 mg
5.	Eisen	- 15,5 mg
6.	Fett	- 5 mg

Abbildung 13

Piper nigrum, Ann.

Eigenschaften: Scharfer und bitterer Geschmack, heiße (brennende) Wirkung; süß in der Endverdauungsphase.

Anwendungen: Erhöht die Verdauung, lindert Husten, Asthma und Schleim. Bei schleimigem Husten bringt simples Kauen gute Ergebnisse; heilsam auch, mit Kandiszucker oder Honig eingenommen. Bei Haarausfall (Alopecia areata und totalis) fördert die Anwendung am Kopf den Haarwuchs. Schmerzen, Kopf und Zahnschmerzen werden gelindert. Ein effektives Mittel bei Herzstörungen, Darmkoliken, Harnbeschwerden, Würmern und Hämorrhoiden. Heilsam auch bei Pickeln; außerdem erhöht es die Gallenaktivität und zeigt heftige, heiße und strenge Wirkungen. Bei Nachtblindheit muß es in geronnener Milch (Quark) unter ärztlicher Aufsicht auf die Augen gebracht werden.

Hilft bei Syphilis, Hämorrhoiden und verzögertem Samenfluß, wenn mit Bala Menasu gegeben.

Markava (Abb. 14)

Vorkommen: Wächst in ganz Indien in feuchten Gebieten.

Der Name in den verschiedenen Sprachen lautet wie folgt:

Markava (Sanskrit), Garugada soppu (Kanada), Bhangara (Hindu), Kayikasi (Tamil), Galgara (Telugu), Wedelia calendula flavus (Latein).

Es gibt drei Sorten:

1. Sweta (weiß) - Eclipta alba,
2. Pita (gelb),
3. Nila (blau).

Abbildung 14

Wedelia calendula flavus - Eclipta alba

Eigenschaften: Scharfe, bittere und strenge Eigenschaften sowie heftige Wirkung/Kraft - Eigenschaften der weißen Sorte.

Anwendung: Genutzt werden Saft oder Pulver. Es ist gut für die Zähne und bringt Geschmack in die Speisen.

Es findet Anwendung bei Augenleiden, Herz- und Leberstörungen. Wirkungsvoll bei Harnleiterstörungen, wenn als Saft sieben Tage mit Honig eingenommen.

Damit angereichertes Öl wird als Haarmittel verwendet.

Bei Wundrose gebraucht man die Wurzeln.

Mayuraka (Abb. 15)

Vorkoinmen: Gibt es in ganz Indien.

Existiert in drei Sorten, je nach Blütenfarbe.

Die Pflanze ist ca. 1 m hoch.

1. weiße Blüten, 6 mm groß mit grünlichem Schimmer,
2. rote Blüten (lat. Achyranthes aspera),
3. blaue Blüten.

Der Name in den verschiedenen Sprachen ist wie folgt:

Mayuraka (Sanskrit), Uttarangegida (Kanada), Chichira (Hindu), Uttareni (Telugu), Naapuravi (Tamil), Achyranthes aspera (Latein).

Eigenschaften: Bitter und scharfer Geschmack.

Anwendung: Bei Pruritis (Altersjucken), Unterleibs- und Bauchbeschwerden, Verdauungsstörungen, Herzkrankheiten und Erbrechen. Besonders angewandt bei inneren, blutenden Hämorrhoiden. Sein alkal. Wasser (1 Teil Asche aufgelöst in 6 Teile Wasser, 21 mal wiederholt) wird ebenfalls bei Hämorrhoiden benutzt. Fettleibige sollten es in einer Dosis von 5 bis 15 Körnern zu sich nehmen, um abzunehmen. Es wird als Salbe verwendet bei Ringelflechte und bei Drüsenvergrößerungen (Sidma, Apachi, Glandular).

Wenn vor dem Essen eingenommen, fördert es die Verdauung. Es ist Bestandteil zur Reinigungstherapie. Um Erbrechen zu stoppen, muß sein Absud zusammen mit Honig eingenommen werden. Zur Stärkung der männlichen Sexualorgane sollte eine Dosis von 20 Körnern zusammen mit Milch verordnet werden an Patienten, die durch Diabetes mellitus an Impotenz leiden.

Diese Körner, in der genannten Dosis 8 Tage lang eingenommen, bringen einen gesunden Sexualtrieb.

Mulakam

Vorkommen: Wächst in ganz Indien.

Mulakur-Rettich wird täglich im Haushalt benutzt bei der Zubereitung von Suppen und Pökel.

Nachstehend der Name in den verschiedenen Sprachen:

Mulakam (Sanskrit), Moolangi (Kanada), Mooli (Hindu), Mullangi (Telugu), Mullangi (Tamil), Raphanus sativus (Latein).

Es gibt zwei Arten:

1. klein
2. groß.

Abbildung 15

Achyranthes aspera, Linn.

Mulakam setzen sich wie folgt zusammen:

1.	Vitamin A	- ein wenig
2.	Vitamin B1	- 58 mg
3.	Vitamin B2	- 20 mg
4.	Vitamin C	- 19 mg
5.	Potashium = Kalium	- 300 mg
6.	Sodium = Natrium	- 39 mg
7.	Phosphor	- 20 mg
8.	Oxalsäure	- 8 mg
9.	Calcitim	- 30 mg
10.	Kohlenstoffhydrat	- 4 g
11.	Protein	- 0,6 mg
12.	Eisen	- 0,2 mg

Eigenschaften: Die kleine Art ist leicht in der Wirkung, die große Sorte heftig, scharf mit »heißer Kraft«.

Anwendungen: Rettichsaft wird angewandt bei infekt. Hepatitis und wurde erfolgreich erprobt bei Hunderten von Patienten.

Sogar bei Milzerweiterung soll der Saft in einer Dosis von 1/2 bis 1 Unze zweimal täglich, und das 14 Tage lang, eingenommen werden. Er ist wirkungsvoll bei Husten und Asthma, besonders die Schleimbeschwerden werden gelinde rt durch die scharfe Wirkung. Trockener Rettich hilft bei Blähungen und fördert den Appetit.

Rettichsaft stimuliert die Leber. Bei Urinkrankheiten, Blasen- oder Nierensteinen soll er dem Patienten zur äußerlichen Anwendung verabreicht werden.

Nagapuspam

Der Name in den verschiedenen Sprachen ist wie folgt:

Nagapuspam (Sanskrit), Nagakesari (Kanada), Nagakesar (Hindu), Nagakesaram (Telugu), Velluttachampakam (Tamil), Mesua ferrea (Latein).

Es gibt zwei Arten davon. je nach Farbe der Blumen/Blüten:

1. Nagapuspavalli (schwarz),
2. Nagapuspavalli (gelb).

Nur die Blumenblüten werden genutzt.

Eigenschaften: Bitter im Geschmack, wird leicht verdaut, tiefe Wirkung und »heiße Kraft«.

Anwendungen: Bei Blasenbeschwerden, Halsweh, widerwärtigem Körpergeruch und Hautkrankheiten wie (Wund-)Rose. Um Erbrechen zu stoppen, sollte es in einer Dosis von 5 bis 15 mg bis zu 5 g mit Honig genommen werden, und zwar zweimal täglich. Es ist enthalten im »Anjanadigana und Priyangvadigana«.

Bei blutenden Hämorrhoiden wird es zusammen mit Butter und Zucker verwendet. Um Durchfall (Diarrhoe) zu stoppen, sollte man es mit Buttermilch einnehmen. Bei Diarrhoe sollte es mit Jatiphala und Jayapal verabreicht werden.

Nagaram (Abb. 16)

Ein Mittel, regelmäßig im Haushalt benutzt, für die Zubereitung von Chutney, Sambar und Rasam. Eine wirkungsvolle Medizin bei diversen Störungen.

Der Name in den verschiedenen Sprachen lautet wie folgt:

Nagaram (Sanskrit), Shunti (Kanada), Sont (Hindu), Sonti (Telugu), Zingiber officinale (Latein). Getrocknet heißt es Shunti, naß/feucht nennt man es Ardraka.

100 g Shunti enthalten:

1.	Vitamin A	- 641 I.E.
2.	Vitamin C	- 6,8 mg
3.	Protein	- 2,2 g
4.	Fett	- 1,4 g
5.	Calcium	- 2,1 g
6.	Phosphor	- 60 mg
7.	Eisen	- 2 mg
8.	Kohlenstoffhydrat	- 11 mg

Eigenschaften: Süßer Geschmack, ölige, fettige Eigenschaft, kühle/kalte Wirkung.

Anwendungen: Ein Herztonikum, erhöht die Verdauungsverbrennung und steigert den Geschmack der Speisen, hilft, das Essen zu verdauen. Wird angewandt bei Husten, Asthma, Schleim- und *Vata*-Beschwerden, bei Erbrechen und Herzstörungen, ebenfalls verwendet bei Schmerzen der oberen Organe. Bei Schleimbeschwerden soll es zusammen mit Honig eingenommen werden, und Gallenbeschwerden verschwinden, nimmt man es zusammen mit Zitronensaft ein.

Bei Körperschwellungen benutzt man trockenen Ingwer eine Woche lang oder länger. Um Erbrechen zu stoppen, verordnet man den Saft zusammen mit Honig. Um die Erkältung aufzuhalten (Influenza), ein wenig nassen/feuchten Ingwer als Paste (Chutney) auftragen.

Kann ebenso verabreicht werden bei rheumatischer Arthritis, Schluckauf, Hämorrhoiden, Elephantitis und Ascitis (Übersäuerung). Bei Kopf- wie auch Zahnweh als Paste auftragen.

Abbildung 16

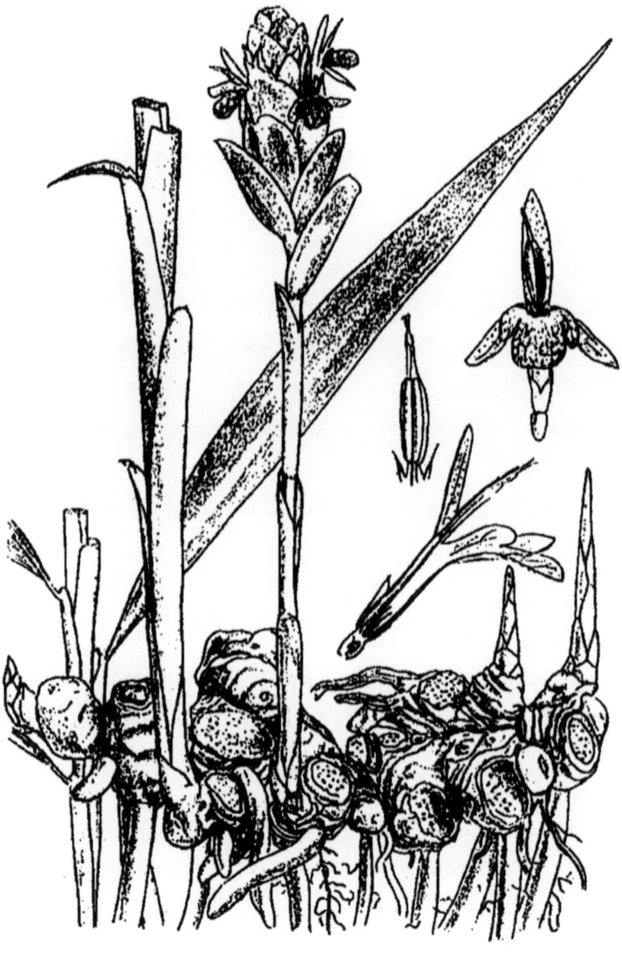

Zingiber officinale, Rosc.

Nakuli (Abb. 17)

Vorkommen: Wächst in ganz Bihar, Bengalen und Uttar Pradesh.

Wird als Sarpagandha bezeichnet und ist ein ausgezeichnetes Mittel gegen hohen Blutdruck-, ebenfalls angewandt bei Geisteskrankheiten. Im Ausland erhältlich als Serpacil und dessen Derivate.

Der Name in den verschiedenen Sprachen ist wie folgt:

Nakuli (Sanskrit), Sooranabhi (Kanada), Shivanabhi, Eshawari Gida, Dhavalvarua (Hindu), Patalagandhi (Telugu), Chivanamelapodi (Tamil), Rauwolfia serpentina (Latein).

Es gibt zwei Arten:

1. kleinwüchsig - je nach Höhe der Pflanze,
2. groß.

Eigenschaften: Schnell und »heiß« in der Wirkung, hat »trockene« Eigenschaft und einen bitteren Geschmack.

Anwendung: Erhöht den Geschmack der Speisen und mildert Bauch-Unterleibsschmerzen, ebenso berühmt als Mittel gegen Schlaflosigkeit.

Es wird angewandt bei Schwindel, Gicht, Epilepsie, Fieber und Würmern.

Kontraindikationen:

1. Niedriger Blutdruck,
2. Schwangerschaft,
3. Shokanmada (Irrsinn, Wahnsinn).

Abbildung 17

Rauwolfia serpentina, Benth.

Nidigdhika

Vorkommen: Wird angebaut in Bengalen, Assam, Punjab und Südindien.

Name in den verschiedenen Sprachen:

Nidigdhika Sanskrit), Nelagulla (Kanada), Bhatakkattaih (Hindu), Vakudu (Telugu), Kantakattari (Tamil), Solanum xanthocarpum (Latein).

In der Medizin nutzt man die Blätter, die Rinde, die Wurzeln und die Frucht.

Es gibt vier Arten:

1. Kantakari,
2. Lakshmana,
3. Kasghni,
4. Vrintaki.

Eigenschaften: Strenger und bitterer Geschmack, »heiße« Wirkung; wird häufig angewandt bei Husten und bronch. Asthma. Verfeinert den Geschmack der Speisen, lindert Fieber, nervöse Störungen und Verdauungsbeschwerden. Ebenso wird es verabreicht bei Herzleiden und ist eine wirkungsvolle Verdauungsstimulanz.

Anwendungen: Die Blüten werden zu einer Paste verarbeitet, und der Saft/Extrakt wird nur Kindern verabreicht, die Husten haben.

Bei allen Arten von Fieber wird es auch als Absud angewandt. Erwachsene sollten es in einer Dosis von 1 Unze zu sich nehmen mit der gleichen Menge Wasser, und zwar um 6 Uhr morgens und 6 Uhr abends.

Nimbuka

Vorkommen: Die Zitrone wächst in ganz Indien, besonders in Bombay, Bengalen, Burma und Assam. In der Medizin verwendet man die Frucht und den Saft.

Der Name in den verschiedenen Sprachen ist wie folgt:

Nimbuka (Sanskrit), Nimbehannu (Kanada), Kagajanimbuplu (Hindu), Nimmapandu (Telugu), Elumicchai (Tamil), Citrus medica acida (Latein).

Es gibt zwei Arten, je nach Größe:

1. klein,
2. groß.

In 100 g sind enthalten:

1. Vitamin A	- eine kleine Menge
2. Vitamin B1	- 19 mcg
3. Vitamin B2	- 1,75 mcg
4. Vitamin B6	- 0,5 mcg
5. Vitamin C	- 60 mg
6. Kalium	-160 mg
7. Schwefel	- 11 mg
8. Magnesium	- 10,5 mg
9. Calcium	- 105 mg
10. Kohlenstoffhydrat	- 8 mg
11. Protein	- 1,0 mg
12. Natrium	- 5,5 mg

Eigenschaften: Bitterer Geschmack und starke (heiße) Wirkung.

Anwendungen: Gut für die Augen; hilft Wunden heilen und beschleunigt die Verdauung.

Wird verwendet bei Bronchitis, Durst, Schmerzen, Erbrechen und auch bei Verstopfung.

Die große Zitrone hat ebenfalls sauren und auch süßen Geschmack, die Aufspaltung der Speisen wird beschleunigt; gut bei Gallenbeschwerden und nervösen Störungen.

Panasa

Vorkommen: Panasa wird in ganz Indien angebaut, besonders im Süden.

Der Name in den verschiedenen Sprachen ist wie folgt:

Panasa (Sanskrit), Halasu (Kanada), Kathal (Hindu), Panara (Telugu), Panase (Tamil), Artocarpus heterophyllus (Latein).

In 100 g Panasa-Frucht sind enthalten:

1. Vitamin A	- 500 I. E.
2. Vitamin B	- 28 mg
3. Vitamin C	- 9 mg
4. Calcium	- 20 mg
5. Phosphor	- 35 mg
6. Kalium	- 400 mg
7. Kohlenstoffhydrat	- 25 mg
8. Protein	- 1,5 g

Eigenschaften: Süßer und bitterer Geschmack, kühl (kalt) in der Wirkung. Die reife Frucht ist schwer, ölig und süß. Ihre Milch heilt Wunden; die rohe Frucht bringt Verstopfung.

Anwendungen: Die Frucht lindert *Vata-* und Gallenbeschwerden. Die rohe Frucht schmeckt süß und stopft, vermindert Gallendruck und erhöht *Vata* und Schleim. Die reife Frucht stoppt Blutungen; Wurzeln und Blätter werden bei Hautkrankheiten verwandt. Der Wurzel-Absud stoppt Durchfall (Diarrhoe). Man verabreicht die Frucht bei Schwäche, bei »auszehrender Ruhr« und bei Darmtumor.

Panchangula

Ein bekanntes Mittel, um *Vata* und damit verbundene Störungen zu heilen.

Der Name in den verschiedenen Sprachen ist wie folgt:

Panchangula (Sanskrit), Haralugida (Kanada), Errundi (Hindu), Aneidappachettu (Telugu), Aneamakku (Tamil), Ricinus communis (Latein).

Die Wurzel, Rinde, Blüten, Blätter und Samen werden alle in der Medizin verwandt.

Eigenschaften: Bitterer und süßer Geschmack, heiße Potenz.

Anwendungen: Bei Unterleibs- und Bauchbeschwerden muß 1 Unze Öl mit heißer Milch vermischt 1 Woche lang zur Schlafenszeit eingenommen werden. Ebenfalls wirkungsvoll bei »Phantom«-Tumoren, Milzerweiterung, Blasen- und Bruchschmerzen.

Der Samen hat einen süßlichen »Alkali«-Geschmack.

Wird schnell verdaut und stoppt rasch Durchfall. Bei Arthritis wird Panchangula-Öl verabreicht, um entzündete Schwellungen abklingen zu lassen.

Die Blüten sind wirksam bei *Kapha*-Störungen.

Bei rheumatischer Arthritis sowie Gicht nimmt man es zusammen mit Ingwersaft ein.

Phalendra

Vorkommen: Wächst in ganz Indien, auch »Rohini Star Tree« genannt.

Der Name in den verschiedenen Sprachen lautet wie folgt:

Phalendra (Sanskrit), Jum Nerala (Kanada), Jamoon (Hindu), Nered (Telugu), Shambu (Tamil), Syzygium cumini = Eugenia jambolana (Latein), Jambulbaum (Deutsch).

Es gibt folgende Arten:

1. Mahaphala,
2. Kaka Jumbu (nidi jambu),
3. Kshudra Phala (Kshudra jambu),
4. Hraswa rhala (Bhumi j ambu),
5. Golakara phala (gulab jamoon),
6. Vetasi nerale (sheeta vallabha).

100 g Phalendra enthalten folgende Nährstoffe:

1.	Fett	- 0,3 g
2.	Eisen	- 3 g
3.	Kohlenstoffhydrat	- 3,5 mg
4.	Calcium	- 19 mg
5.	Protein	- 6 g
6.	Phosphor	- 9 mg

Eigenschaften: Süß-herber Geschmack.

Anwendungen: Mildert Schleimstörungen und nervöse Störungen. Bei Diabetes mellitus sollten entweder die Blätter oder die Samen des Mittels (Droge) mit Honig eingenommen werden.

Diarrhoe, hervorgerufen durch Galle- oder Schleimbeschwerden, wird damit geheilt; ebenso Blutstörungen. Es kann Verstopfung verursachen und bei Senkungen im Unterleib helfen sowie die Urinerzeugung regulieren.

Pichu

Vorkommen: Pichu wird in allen Teilen Indiens angebaut, vor allem in Karnataka, Bombay, Madras, Gujarath und Bengalen.

Der Name in den verschiedenen Sprachen ist wie folgt:

Pichu (Sanskrit), Hathigida (Kanada), Kapas (Hindu), Patti (Telugu), Parutti (Tamil), Gossypium herbaceum (Latein).

Eigenschaften: Süßer und strenger Geschmack, leicht, aber mit »heißer« Wirkung. Lindert dadurch *Vata*-Störungen (z.B. neuromuskuläre Störungen).

Zusammensetzung: Aminosäuren,Metheonin,Triptophane, Steaside, Öl und Weinsäure.

Die Wurzeln, Blumen/Blüten, Rinde und Samen werden in der Medizin verwendet.

Anwendungen: Wird als Galaktose verwendet, also z. B. zur Förderung der Brustmilch. Ebenso angewandt bei Jucken, brennendem Gefühl, Schwindel, Ohnmacht und Durst.

Pichu ist sehr effektvoll bei all diesen genannten Beschwerden. Bei Frauen, die unter weiblichem Ausfluß leiden, hilft die Wurzel-, ebenso bei Durchfall. Den Samen verwendet man bei Absonderungen aus dem Ohr-, ebenso wird es auch bei Hautstörungen benutzt.

Pichumadra

Vorkommen: Wächst in ganz Indien.

Es gibt drei Arten:

1. mit bitterer Eigenschaft - kleine Pflanze,
2. mit bitterer Eigenschaft - große Pflanze,
3. die kleine Art »Karibevu« wird im Haushalt verwendet zur Vorbereitung vom Sambaram, Gemüsesuppe und Chutney.

Der Name in den verschiedenen Sprachen ist wie folgt:

Pichumadra (Sanskrit), Bevinamara (Kanada), Neem (Hindu), Vepa (Telugu), Vembu (Tamil), Azadirachta indica (Latein).

Die Blätter, Wurzeln, Rinde und Blüten sowie Samen werden in der Medizin genutzt.

Eigenschaften: Bitterer Geschmack, kühle/kalte Wirkung und sanft.

Anwendungen: Ein bekanntes Heilmittel für Hautkrankheiten, Wundjucken und Blutstörungen.

Der Blättersaft in 1 Unze mit einem Teelöffel Honig eine Woche lang genommen heilt Gelbsucht. Sollte nicht über längere Zeit eingenommen werden, da es nervöse Störungen hervorrufen kann. Es ist auch ein Herzmittel. Um Erbrechen zu stoppen, sollte der Saft zusammen mit Honig verabreicht werden - ebenso bei brennendem Gefühl im Körper. Gut für die Augen; bei Stoffwechselvergiftungen wird der Samen genutzt. Als äußerliche Anwendung (bei Hautkrankheiten) wird sein Öl verwendet. Das Öl hat eine schnellwirkende »heiße« Kraft und einen bitteren Geschmack. Bei Urticaria (allergisch bedingten Hautpusteln) werden die Blätter genutzt. Das Öl nimmt man bei Diabetes mellitus zur Kontrolle des Blutzuckerspiegels.

Unter dem Namen Nimbola-Kapseln von Kee-Pharma, Neu-Delhi vertrieben, wobei 0,25 ml Pichumadra pro Kapsel enthalten sind.

Prithakparni (Abb. 18)

Vorkommen: Diese Pflanze wird in Indien an regelmäßigen Wasserläufen angebaut. Es gibt zwei Arten davon.

Die Namen in den verschiedenen Sprachen lauten:

Prithakparni (Sanskrit), Ondelehonne (Kanada), Pitavan (Hindu), Kolkuponna (Telugu), Kolapanna (Tamil), Desmodium gangeticum (Latein).

Abbildung 18

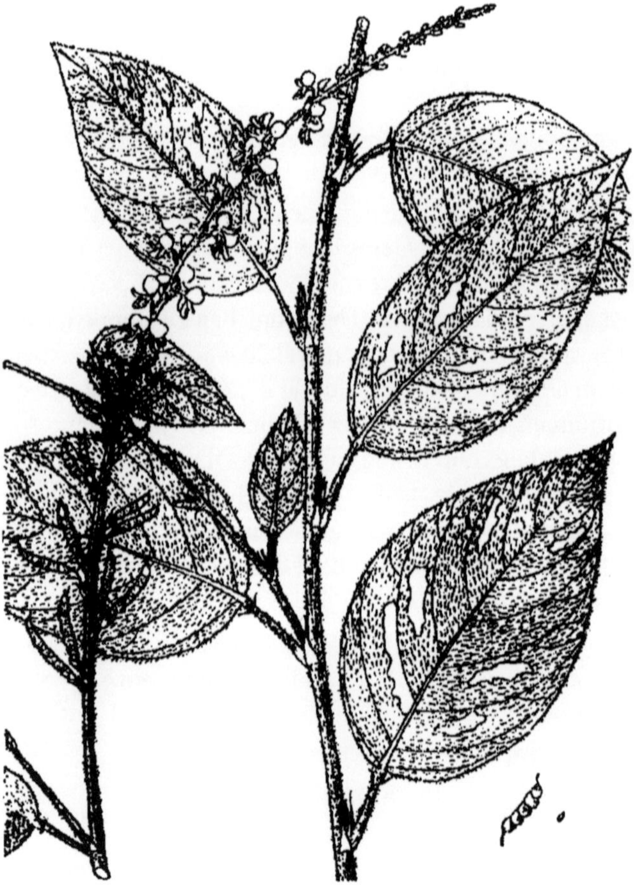

Desmodium gangeticum, DC.

Das im Prithakparni enthaltene Protein beschleunigt die ACTH-Sekretion im Körper (= adrenocorticotropes Hormon des Vorderlappens der Hirnanhangdrüse, ein Wirkstoff, der in der Nebennierenrinde die Bildung und Abgabe von glukotropen NNR-Hormonen - z. B. Cortison - anregt: sog. Glucocorticoide.) Der Anwendungsbereich von ACTH in Deutschland als Arzneimittel, dessen Verabfolgung funktionstüchtige Nebennierenrinden voraussetzt, deckt sich weitgehend mit dem der Nebennierenrindenhormone.

Eigenschaften: Bitterer, scharfer und herber Geschmack, heiße Potenz. Wirkt auf körperliche und geistige Möglichkeiten.

Anwendungen: Allgemein genutzt bei nervösen Störungen, Fieber und bei Geisteskrankheit; Dosis 5 bis 15 Körnchen, zweimal täglich mit Buttermilch, bei Fieber als Absud mit der Wurzel von Acranthus aspera (Apamarga). Bei Knochenbrüchen, um die Brüche schnellstens zu heilen, wird es mit geschnittenem Hammelfleisch angewandt.

Raktasara

Raktasara wird auch nach dem Mriga-Shira-Baum benannt.

Der Name in den verschiedenen Sprachen ist wie folgt:

Raktasara (Sanskrit), Kempukaggali (Kanada), Khair (Hindu), Podalamanu (Telugu), Chukatti (Tamil), Acacia Catechu (Latein).

Es gibt fünf Arten davon:

1. Weißer Raktasara,
2. Roter Raktasara,
3. Rakta Kapisha,
4. Schwarzer Raktasara,
5. Offensive Sara.

Eigenschaften des weißen Raktasara: Bitterer Geschmack, kalte, kühle Wirkung.

Anwendungen: Wird bei Blutstörungen angewandt, bei Hautkrankheiten, Gallenstörungen und Schleimbeschwerden, bei nervösen Störungen und Wunden.

Ein leicht verfügbares Mittel mit sicherer Wirkung bei Hautkrankheiten. Kann als Granulat in einer Dosis von 5 bis 15 Körnern verabreicht werden oder als Absud: 1/2 bis 1 Unze. Raktasara gegen Hautkrankheiten ist enthalten in Absuden von Kustagana, Mahakashaya, Sadasamadu gana Kashaya.

Raktayastika (Abb. 19)

Raktayastika ist in den verschiedenen Sprachen wie folgt bekannt:

Raktayastika (Sanskrit), Manjiste (Kanada), Manjeet (Hindu), Tamravalla (Telugu), Munditta (Tamil), Rubia cordifolia (Latein).

Es gibt vier Arten davon:

1. Nagakumari,
2. Bhandi,
3. Chakrangi,
4. Mandupa.

Eigenschaften: Süßer, bitterer und strenger Geschmack

Anwendungen: Erhöht die Spannkraft, Stimmung, Verhalten und Farbe des Körpers.

Kann bei bakterieller Ruhr angewandt werden, bei (Wund-)Rose und bei Augenkrankheiten, Ohrenstörungen, Krankheiten der Vagina und bei Hautkrankheiten.

Abbildung 19

Rubia cordifolia, Linn.

Sadaphala

Sadaphala wird auch Krittikanakshartra-Baum genannt.

In der Medizin nutzt man die Frucht, die Rinde, die Milch und die Blätter.

Es gibt vier Sorten:

1. kleinwüchsiges Sadaphala,
2. großes Sadaphala,
3. Kakodumbaritta,
4. Nyadumbara.

Der Name in den verschiedenen Sprachen ist wie folgt:

Sadaphala (Sanskrit), Attiyamara (Kanada), Goolar (Hindu), Hedichettu (Telugu), Attimaran (Tamil), Ficus glomerata (Latein).

Eigenschaften: Er hat einen zusammenziehenden Geschmack und ist süß nach der Einspeichelung.

Anwendungen: Dieses Mittel zeigt gute Wirkung bei Frauenkrankheiten: Es wird benutzt als Absud. Man nimmt es zu Spülungen (Vagina-Entzündungen). Wird aber auch verwandt zur innerlichen Anwendung: Dosis 1/2 bis 1 Unze mit der gleichen Menge Wasser. Bei Blutsturzbeschwerden verabreicht man es, ebenso bei Hautkrankheiten, Durchfall, Anämie, Gelbsucht und Knochenbrüchen.

Bei innerlicher Anwendung erhöht es den Appetit; außerdem erhöht es die Größe und Kraft der Muskeln. Wehrt Blutstörungen und Arthritis ab und wird besonders angewandt bei Gonorrhoe und weißem Ausfluß beifrauen.

Shataparva (Abb. 20)

Vorkommen: Wächst in ganz Indien.

Die ganze Pflanze wird in der Medizin genutzt.

Es hat folgende Namen:

Shataparva (Sanskrit), Garikehullu (Kanada), Doot (Hindu), Doorvalu (Telugu), Arugompilu (Tamil), Cynodon dactylon (Latein).

Es gibt fünf Sorten von Shataparva:

1. blaufarben,
2. weißfarben,
3. Ganda,
4. Maala,
5. Granthi.

Eigenschaften: Shataparva hat bittersüßen Geschmack und kalte Potenz.

Anwendungen: Bei Gallenbeschwerden, Anorexie, Hautkrankheiten, brennendem Gefühl und Schleimbeschwerden im Körper sowie bei haemorrhagischer Diathese (Veranlagung zu Blutungen) und (Wund-)Rose.

Blaufarbenes Shataparva hat bittersüßen Geschmack und kalte Potenz. Es wird bei folgenden Störungen mit gutem Erfolg angewendet: Bei Zurückhalten von Urin oder Anurie (vermehrter Harndrang), Durchfall, Blutstörungen wie Haemophilie (Bluterkrankheit), Purpura (Blutfleckenkrankheit) und Anorexie.

Weißfarbenes Shataparva hat bittersüßen Geschmack und kalte Potenz. Man nutzt es bei Husten und Colitis (Dickdarmentzündung). Der Saft muß zusammen mit Honig genommen werden. Shataparva, gebildet wie ein Knoten (Astknoten oder Knospe), hat bittersüßen Geschmack, zusammenziehend und kalte Potenz.

Abbildung 20

Cynodon dactylon, Pers.

Wird benutzt bei Hautkrankheiten, Fieber, Erbrechen und Durst. Um Nasenbluten zu stoppen, müssen 5 bis 10 Tropfen des Saftes inhaliert werden. Bei (Wund-)Rose muß die aus Shataparva hergestellte Salbe auf das betroffene Körperteil aufgetragen werden.

Shigro

Vorkommen: Wächst in ganz Indien.

Rinde, Samen, Blätter und Öl werden in der Medizin und der Diäternährung verwendet.

Auch Shobhanjana genannt.

Der Name in den verschiedenen Sprachen lautet:

Shigro (Sanskrit), Nuggegida (Kanada), Shijan (Hindu), Hunaja (Telugu), Hurangi (Tamil), Moringa olifera (Latein).

100 g enthalten:

1. Vitamin A	- 10 000 I. E.
2. Vitamin B2	- 58 mg
3. Vitamin C	- 216 mg
4. Kohlenstoffhydrat	-13 g
5. Fett	- 1,5 g
6. Protein	- 5 g
7. Phosphor	- 60 mg
8. Calcium	- 400 mg
9. Eisen	- 6 mg

Eigenschaften: Bitterer und strenger Geschmack, heiße Potenz.

Anwendungen: Bei Schleimbeschwerden, nervösen Störungen, Würmern und Bakterien, Giften und Fettleibigkeit, bei Milzerweiterung und Tumoren.

Dosis: das Pulver wird angewandt zu 5 bis 10 Körnchen, der Absud zu bis 1 Unze.

Shokha Nasha

Vorkommen: Shokha Nasha wächst im Norden von Indien, in Burma und Bengalen. In der Medizin werden die Rinde, die Blüten und Samen verwendet.

Der Name in den verschiedenen Sprachen lautet:

Shokha Nasha (Sanskrit), Ashoka Vriksha (Kanada), Kenkellimara (Telugu), Ashoka (Hindu), Saracae indica (Latein).

Eigenschaften: Bitterer Geschmack und kalte Potenz.

*Anwendungen:*Bei Gallenstörungen, »Phantom-Tumoren«, Gallenschmerzen und Würmern. Das Pulver, 5 bis 15 Körnchen, muß mit Wasser oder Honig eingenommen werden.

Metrorrhagie (azyklische Blutung aus den weiblichen Geschlechtsorganen) und Menorrhagie (übermäßige Menstruationsblutung) werden durch das Pulver gestoppt - ebenso hilft der Absud.

Es ist ein berühmtes Tonikum für Frauen, denn es lindert Schmerzen im Körper. Bei Leukämie müssen entweder das Pulver oder der Absud verabreicht werden, und zwar 1 bis 2 Wochen lang. Es bringt den Patienten konkrete Linderung.

Surana

Vorkommen: Es wächst in ganz Indien.

Surana wird in unseren Haushalten nur als Gemüse benutzt, und zwar zur Zubereitung von Suppe oder Curry usw.

Der Name in den verschiedenen Sprachen lautet:

Surana (Sanskrit), Soorana Gadde (Kanada), Sooran (Hindu), Mulshana Kanda (Telugu), Karula (Tamil), Amorphophallus (Latein).

100 g Surana enthalten:

1.	Vitamin A	- 400 I. E.
2.	Vitamin B1	- 58 mcg
3.	Vitamin B 2	- 58 mcg
4.	Vitamin C	- 4 mg
5.	Kalium	- 400 mg
6.	Natrium	- 20 mg
7.	Phosphor	- 20 mg
8.	Calcium	- 30 mg
9.	Fett	- 0,3 mg
10.	Kohlenstoffhydrat	- 17 g
11.	Protein	- 20 g

Eigenschaften: Leicht und trocken, beißend scharfer Geschmack, zusammenziehend, heiße Potenz.

Anwendungen: Bei Schleim- und *Vata*beschwerden. Wird bei rheumatischer Arthritis, Elefantiasis und Tumoren angewandt; dazu wird es als Salbe zusammen mit »Ghee« und Honig aufgetragen. Wird ebenfalls verwendet bei Anorexie, Appetitlosigkeit, Antriebsstörungen, Schmerzen im Unterleib und bei Leber- und Milzerweiterungen.

Surasa (Abb. 21)

Vorkommen: Surasa wird als bekanntes Mittel im Haus verwandt gegen Fieber. Wächst in ganz Indien.

Es gibt fünf Sorten:

1. Weißes Tulasi,
2. Karpoora Tulasi,
3. Schwarzes Tulasi,
4. Sugandha Tulasi,
5. Wald-Tulasi.

Abbildung 21

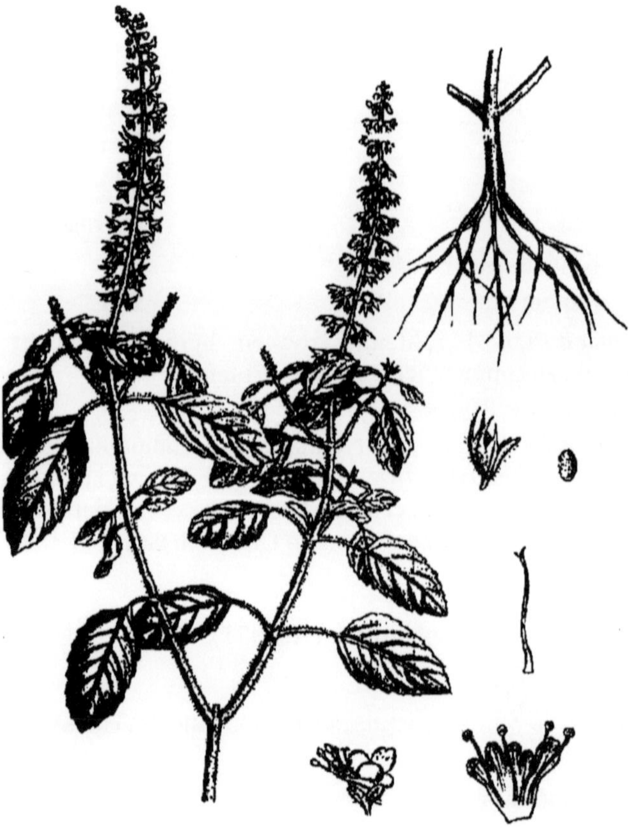

Ocimum sanctum, Linn.

Der Name in den verschiedenen Sprachen ist wie folgt:

Surasa (Sanskrit), Tulasigida (Kanada), Ocimum sanctum (Latein).

Anwendungen: Um Husten zu lindern; bei Würmern, Dämonen und *Vata*störungen. Wird Männern verabreicht, um die Sperma-Anzahl zu erhöhen. Steigert die Kraft im Körper für einen kraftvollen und ausdauernden Koitus.

Bei Hautkrankheiten wird das Öl auf die Haut aufgetragen, bei Fieber mit Schüttelfrost hilft meistens der Saft zusammen mit Honig. Wird ebenfalls verabreicht bei gewöhnlichem Ödem und bei Schleimbeschwerden. Hilft auch bei Erbrechen, Asthma, Brustschmerzen und ekligem Körpergeruch.

Dosis: 1 bis 5 g.

Surya Puspi

Vorkommen: Wächst in ganz Indien. Wird Sravana-Nakshatra-Pflanze genannt.

Bezeichnung in den verschiedenen Sprachen:

Surya Puspi (Sanskrit), Ekkada gida (Kanada), Madaar (Hindu), Geludu (Telugu), Erakku (Tamil), Calatropis procera (Latein).

Es gibt vier Sorten:

1. Kleinwüchsiges Surya Puspi,
2. Großwüchsiges Surya Puspi,
3. Weißes Surya Puspi,
4. Surya Puspi mit roten Blüten.

Eigenscliaften: Bitterer, stechender Geschmack, heiße Potenz. Erhöht die verdauungsfördernde Verbrennung.

Anwendungen: Zur Schweißförderung sollte es in einer Dosis von 3 bis 15 Körnchen eingenommen werden. Heilt ebenfalls Syphilis. Die Milch ist heiß und bitter, mit salzigem Geschmack und hat heiße Potenz. Wird verwendet bei Obstipation, um die Stuhlentleerung zu fördern und um Hautkrankheiten wie Krätze zu heilen; dazu nimmt man die Blätter zusammen mit Rizinusöl. Wirkt als Stärkungsmittel auf den Herzmuskel. Die Asche aus den verbrannten Blättern hilft bei Asthma. Bei Ohrenschmerzen müssen die Blätter mit Öl gekocht und in das Ohr geträufelt werden.

Svetakamala

Der Name in den verschiedenen Sprachen lautet:

Svetakamala (Sanskrit), Egyptian or Sacred Lotus (English), Nelumbo (Fr.), Pachige nelumbo (Latein), Kanwal (Hindu), Swetpadma (Bene), Konwal (Punjab), Tamara (Malayalam), Nilufer (Arab. u. Pers.), Kamala (Mah & Konkani), Tamara (Tel.), Tamari <red>(Tamil), Aravindam (Malayalam), Tavare (Kanada), Nelum (Simhal), Padam (Uriya), Pabban (Sind).

Eigenschaften: Die Blütenblätter haben süßen Geschmack und lindern Schleim- und Gallenbeschwerden.

Anwendungen: Bei Vergiftung und Durst nutzt man das Pulver (Dosis 1 bis 5 Körnchen) oder 1/2 Unze des Absuds, der mindestens eine Woche lang eingenommen werden sollte. Ist in Haarölen enthalten. Wird auch angewandt, um übermäßige Menstruationsblutungen zu stoppen. Bei Herzkrankheiten und Geisteskrankheit hat es sich als sehr wirkungsvoll herausgestellt.

Lotussamen hat einen bitteren Geschmack und ist ein bekanntes Mittel, um Schwangerschaften zu fördern. Um die Kraft zu fördern, kann der Samen in feines Pulver verwandelt werden und sollte mit Wasser eingenommen werden. Der Lotusstengel hat einen süßen Geschmack, und sein Pulver sollte daher in einer Dosis von 5 bis 10 Körnchen pro Tag verabreicht werden mit »Ghee« oder Honig, um Blutsturzbeschwerden zu lindern.

Die Lotusblumenblätter haben süß-bitteren Geschmack und trokkene Potenz. Daher verwendet man sie bei Geschwulsten im Körper, bei blutenden Hämorrhoiden, Durst und Vergiftung. Bei »blutendem Anus« können sie mit Honig und »Ghee« in unterschiedlichen Dosierungen eingenommen werden.

Sweta Chandana

Vorkommen: Sweta Chandana wächst in Karnataka und Kerala.

Da es über einen guten Duft verfügt, wird es auch zur Herstellung von Seife verwendet.

Der Name in den verschiedenen Sprachen lautet:

Sweta Chandana (Sanskrit), Bili Srighandha (Kanada), Safed Chandan (Hindu), Gandhapu chakka (Telugu), Saudanan (Tamil), Santalum album (Latein).

Es gibt hauptsächlich fünf Sorten; die weiße Sorte ist die beste.

Eigenschaften: Bittersüßer Geschmack, kalte Potenz.

Anwendungen: Bei Gallenstörungen; wird mit guter Wirkung angewandt bei Drüsenvergrößerung, Herzkrankheiten, Gicht, Erschöpfung, Abmagerung (Auszehrung), Vergiftung, Husten, Fieber, Würmern, Erbrechen, Hautkrankheiten, Unterleibssenkungen und Blähungen. Besondere Anwendung bei Urinstörungen als »Chandavasava« zusammen mit Wasser zweimal täglich nach den Mahlzeiten. Bei blutenden Hämorrhoiden sollte man es mit Ingwer zusammen verabreichen; bei Blut- und Blutsturz-Beschwerden mit Zucker und Reiswasser. Bei Schluckauf beträgt die Dosis 5 bis 15 Körnchen zusammen mit Milch. Bei Ruhr sollte es mit Zucker, Honig und Reiswasser genommen werden. Sweta Chandana ist enthalten in Varnya, Kandugna, Vishagna, Trishna nigraha, Danaprashamana, Angamarda prashamana, Salsara digana, Paoladigana, Sarivadigana, Priyanagadigana und Guduchyadigana.

Tambula Valli

Vorkommen: Tambula Valli wächst in Nord- und Südindien.

Nur die Blätter werden verwendet.

Der Name in den verschiedenen Sprachen lautet:

Tambula Valli (Sanskrit), Villedele (Kanada), Pan (Hindu), Vettalayai (Tamil), Raaku (Telugu), Piper betle (Latein).

100 g Betle-Blätter enthalten:

1. Vitamin A - 9300 I.E.
2. Vitamin B 1 - 68 mcg
3. Vitamin B 2 - 31 mcg
4. Vitamin C 3,5 mg
5. Kohlenstoffhydrat - 4,8 g
6. Protein - 3,8 g
7. Fett - 0,7 mg
8. Phosphor - 10 g

Eigenschaften: Bitterer, strenger und süßlicher Geschmack, alkalische Eigenschaft.

Anwendungen: Bei Würmern und ekligem Geruch; stimuliert sexuell und bei der Verdauung, erhöht den Geschmack im Essen. Bei erhöhtem Schleim sollte der Saft mit Honig eingenommen werden. Es erhöht die Körperkräfte und hat mehr Kraft als Digitalis.

Tapasvini

Vorkommen: Jatamamsi wächst in Kashmir und Nepal.

Es gibt drei Arten:

1. Jatamamsi,
2. aromatisches Jatamamsi.
3. kleinwüchsiges Jatamamsi.

Der Name in den verschiedenen Sprachen ist wie folgt:

Tapasvini (Sanskrit), Jatamamsi (Kanada), Baalehad (Hindu), Jatamamsi (Telugu), Jatamamsi (Tamil), Nardostaehys jatamamsi (Latein).

Eigenschaften: Süß-strenger und scharfer Geschmack.

Anwendung: Man nutzt es zur Heilung von *Kapha-, Pitta-* und *Rakta*-Störungen; bei Vergiftungen (*Vata*), Herz- und Hautkrankheiten ist es wohltuend wegen seiner kalten Potenz; außerdem lindert es das brennende Gefühl im Körper.

Kann als Pulver in einer Dosis von 5 bis15 Körnchen (Granulat) verabreicht werden. Es erhöht die Intelligenz und beeinflußt die Ausstrahlung und Kraft im Körper. Hautunebenheiten werden durch seine Anwendung gelindert. Bei Fieber hilft der Absud. Außerdem ist es gut für das Haar und mildert nervöse Störungen und Pittabeschwerden.

Der kleinwüchsige Tapasvini hat kalte Potenz. Kann als Absud, zur äußerlichen Anwendung und als Salbe verwendet werden bei Wunden und Knochenerweichungen.

Im ganzen gesehen mildert Tapasvini alle drei *Doshas* des Körpers und wirkt als verengendes Mittel.

Kann gefahrlos bei Gesichtskrankheiten benutzt werden.

Tarkari (Abb. 22)

Vorkommen: Tarkari wächst in ganz Indien.

Lediglich die Wurzeln und die Rinde werden in der Medizin genutzt.

Der Name in den verschiedenen Sprachen lautet:

Tarkari (Sanskrit), Taggimara (Kanada), Agelta (Hindu), Takkali (Telugu), Erumaimullayi (Tamil), Clerodendron phlomaides (Latein).

Es gibt drei Arten:

1. Taggi,
2. Nadega Vahnimantha,
3. Vishaparnari.

Anwendungen: Wirkungsvoll bei Anämie, Verstopfung und allgemeiner Blähung, bei Schleimbeschwerden, Appetitverlust, nervösen Störungen, Hämorrhoiden. Hier besonders sollte es eingenommen werden mit Buttermilch, Dosis 15 bis 30 ml, und der gleichen Menge Wasser. Wird als Salbe bei Schwellungen angewandt. Bei Blasensteinen wird es als Tabletten täglich genommen.

Tikashana Tandula

Vorkommen: Tikashana Tandula wächst in Bengalen, Kerala und Bihar.

Seine Frucht und seine Wurzeln werden in der Medizin genutzt.

Der Name in den verschiedenen Sprachen lautet:

Tikashana Tandula (Sanskrit), Hippali (Kanada), Pipula (Telugu), Tippali (Tamil), Piper longum (Latein).

Abbildung 22

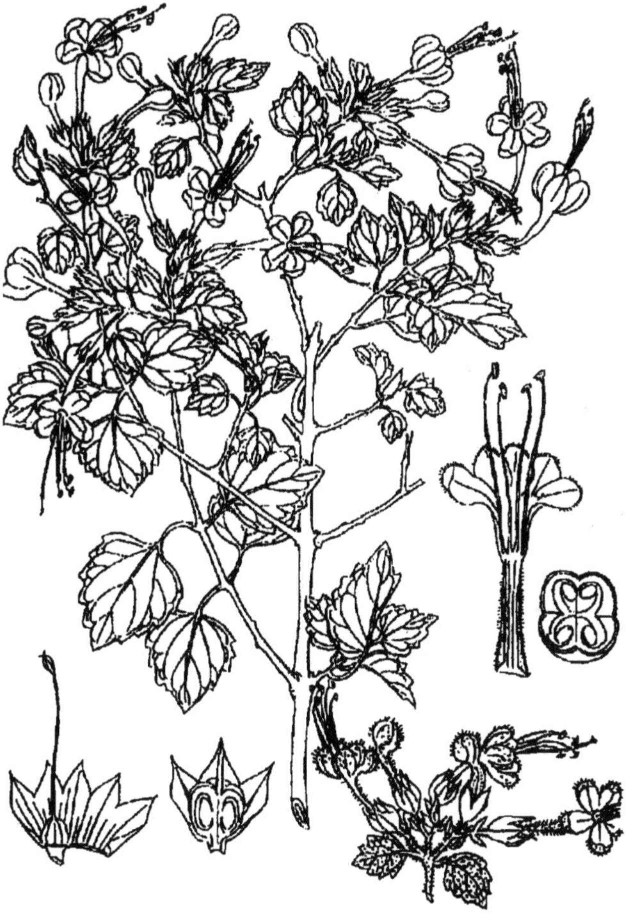

Clerodendron phlomaides, Linn.

Arten von Hippali:

1. großer Hippali,
2. kleiner Hippali,
3. »Elefant«-Hippali,
4. Simhala Hippali,
5. Wald-Hippali.

Eigenschaften: Hat süß-strengen Geschmack, ölig, fettig und kalte Potenz.

Anwendungen: Hippali-Absud wird verabreicht, um Fieber zu senken, bei Husten, Tuberkulose, Asthma und nervösen Störungen sowie chronisch-hartnäckigern Husten (hierbei muß Hippali mit Honig, Kandiszucker und Ghee eingenommen werden).

Dosis: 5 g und Honig zweimal täglich. Ist ein bekanntes Mittel bei übermäßigem Durstgefühl, bei Bauch- und Unterleibs- sowie Verdauungsstörungen, Magenverstimmung. Wirkungsvoll bei Milzerweiterung, bekannt als Hippali Rasayana. Die Dosis muß allmählich erhöht werden.

Vorschrift des Arztes - und der Patient muß auf Milchdiät oder Milch- und Gheediät sein. Wirkungsvoll besonders bei Husten und Asthma, bedingt durch Gallenstörungen.

Trapusa

Vorkommen: Trapusa wächst in ganz Indien.

Der Name in den verschiedenen Sprachen lautet:

Trapusa (Sanskrit), Southe Kaaya (Kanada), Heera (Hindu), Sasha (Bengali), Tavose (Marati), Tarnsali (Gujarati), Mahiveeti (Tamil), Ujaakaayipa (Telugu), Cucumis sativus (Latein).

100 g Trapusa enthalten:

1.	Vitamin A	- ein wenig
2.	Vitamin B 1	- 27 mcg
3.	Vitamin B 2	- 3 mcg
4.	Vitamin C	- 7 mcg
5.	Calcium	- 13 mg
6.	Phosphor	- 25 mg
7.	Eisen	- 1 mg
8.	Schwefel	- 5 mg
9.	Fett	- 0,4 mg
10.	Kohlenstoffhydrat	- 2 mg
11.	Protein	- 0,3 mg

Eigenschaften: Trocken und leicht, wohltuende Wirkung.

Anwendungen: Wirkungsvoll bei Gelbsucht, brennendem Gefühl, Schlaflosigkeit, Kopfweh, Tendenz zu Blut- und Blutsturzbeschwerden und bei problematischem Urinlassen; der Samen steigert die Urinmenge. Der Extrakt des Mittels in 2 bis 3 täglichen Anwendungen zu je einem Eßlöffel voll und das Samenpulver in 1 bis 3 Gaben werden als harntreibendes Mittel verwandt.

Tribhandi (Abb. 23)

Vorkommen: Wächst in hügeligen Gegenden.

Die Wurzeln und die Rinde werden in der Medizin genutzt.

Der Name in den verschiedenen Sprachen lautet:

Tribhandi (Sanskrit), Tigadeya beru (Kanada), Birodhi (Hindu), Togad (Telugu), Shivadai (Tamil), lpomea turpethum (Latein).

Abbildung 23

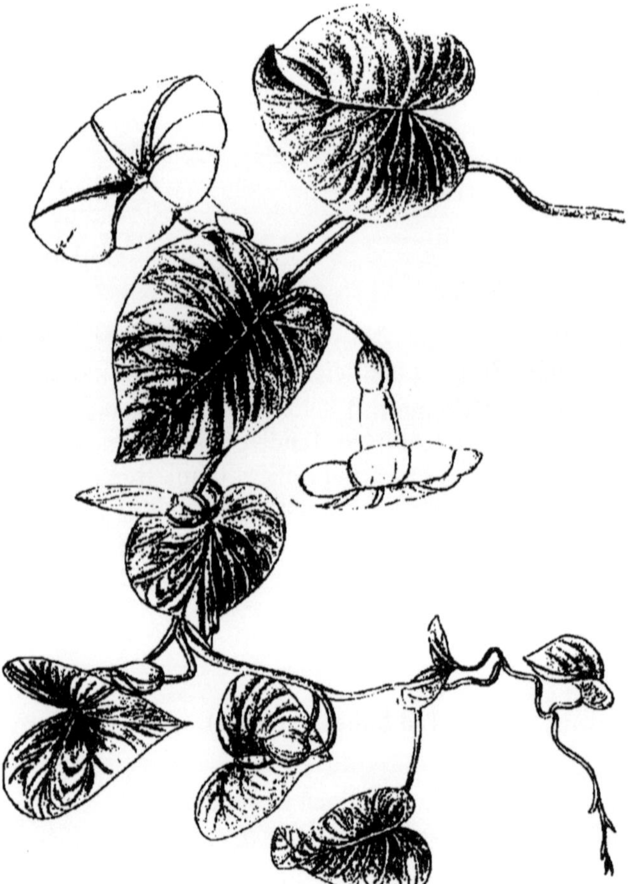

Ipomea turpethum, Br.

Es gibt drei Sorten je nach Farbe:

1. weiß,
2. rot,
3. schwarz.

Eigenschaften: Stechend im Geschmack, heiße Potenz.

Anwendungen: Bei folgenden Beschwerden: Würmern, Schleimbeschwerden, Fieber, Aufblähung, bei Milzerweiterung und als Abführmittel. Ebenso wirksam bei Hautkrankheiten (Urticaria), Gicht, Herzschmerzen, Schmerzen in den Armen und Varsha ritu. Die Wurzeln von Trivrit, der Samen von Kutaja pippali, Ingwer, Honig und Draksha werden gemischt und geben eine Art Milch.

Trikantaka

Vorkommen: Trikantaka wächst in ganz Nord- und Südindien.

In der Medizin nutzt man die Früchte, Wurzeln und Blätter.

Der Name in den verschiedenen Sprachen lautet:

Trikantaka (Sanskrit), Neggilumullu (Kanada), Gokharu (Hindu), Panneru Mullu (Telugu), Neru Nagi (Tamil), Tribulus terrestris (Latein).

Es gibt drei Arten je nach Blüten:

1. gelbfarben,
2. rotfarben,
3. gelb/weißfarben.

Eigenschaften: Guter Geschmack und kalte Potenz.

Anwendungen: Bei Urindrang, nervösen Störungen, Unterleibsschmerzen, Herzstörungen, Urinstörungen und Steinen im Harntrakt. Pulver: 5 bis 10 Körnchen mit Milch.

Bei Steinen sollte es mit Ziegenmilch eingenommen werden. Trikantaka Gritha ist ein bekanntes Mittel gegen Blasen- und Nierensteine; kann zweimal täglich getrunken werden.

Erhöht die Kraft, aber sein Samen ist kalt, und es ist ein harntreibendes Mittel. Bei Rheuma sollte der Absud zusammen mit Ingwerpulver oder Aswagandha-Pulver verabreicht werden. Man nutzt es bei Husten und Schwellungen im Körper, bei Verdauungsstörung, Magenverstimmung und Asthma.

Tuvarakam

Vorkommen: Wird in Südindien angebaut, oft in orientalischen Gärten. Außerdem in Nord-Travancore und in Bengalen. Wird auch Janglibadami genannt.

Der Name in den verschiedenen Sprachen lautet:

Tuvarakam (Sanskrit), Garudaphala, Papeeta (Hindu), Adavi Badavi (Telugu), Maravitaayi (Tamil), Hydnocorpus larifolia (Latein).

Das aus dem Samen gewonnene Öl wird in der Medizin verwandt.

Eigenschaften: Tuvarakam hat bitteren, beißenden Geschmack und heiße Potenz.

Anwendungen: Zur Abwehr von Schleimbeschwerden, Würmern, Hautkrankheiten, Unterleibssenkungen und Urinbeschwerden, Hämorrhoiden und Wunden. Der Kern des Tuvarakam-Samens wird als Bestandteil bei Verjüngungstherapien verwendet. Das Öl wird bei Hautkrankheiten äußerlich aufgetragen.

Twak (Abb. 24)

Vorkommen: Wächst in Südindien und im HimalayaGebiet.

Ein aromatisches Mittel (Droge), das täglich im Haushalt Verwendung findet bei der Zubereitung von Gemüse- und Hammelfleischsuppe.

Der Name in nachstehend genannten Sprachen lautet wie folgt:

Twak (Sanskrit), Dalchinni (Kanada), Dalchinnin (Hindu), Sanalipu (Telugu), Kararusha (Tamil), Cinnamon (Englisch), Cinnamomum zeylanicum (Latein).

Es gibt drei Sorten:

1. den China-Typ,
2. den Ceylon-Typ,
3. den Indien-Typ.

Die Rinde wird genutzt; Blätter, Rinde und Öle werden im medizinischen Bereich verwandt.

Eigenschaften: Frischer und scharfer Geschmack, kühle Wirkung.

Anwendungen: Heilt schleimigen und ausgiebigen Husten und befreit Kehle sowie Bronchien.

Man nimmt es bei Herz- und Blasenstörungen und bei Nasenbeschwerden. Es fördert die Gesichtsfarbe. Es wird mit Erfolg angewandt bei Rheuma und Schleimauswurf, in Verbindung mit nervösen Störungen.

Abbildung 24

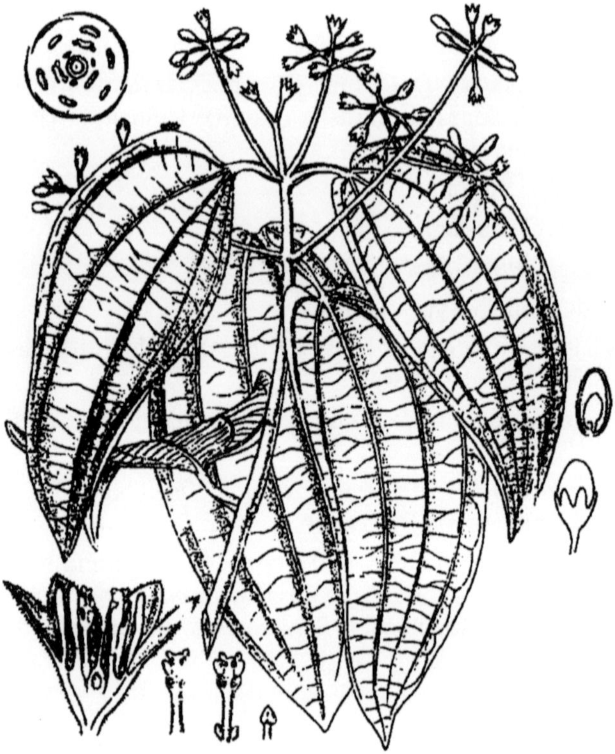

Cinnamomum zeylanicum

Ummatakka

Vorkommen: Wächst in ganz Indien, Kashmir, Nepal und im Himalaya-Gebiet.

Der Name in den verschiedenen Sprachen ist wie folgt:

Ummatakka (Sanskrit), Umattingida (Kanada), Dhatura (Hindu), Ummatta Chetta (Telugu), Ellapam (Tamil), Dattura metal. (Latein).

Es gibt zwei Arten:

1. weißen Ummattaka (lot datura) Alba (weißes datura),
2. schwarzes Ummattaka (Fastusa schwarz).

Man nennt es Krittaka-nakshatara-Pflanze und unterteilt es noch mal in fünf Sorten wie folgt:

1. weiß,
2. blau,
3. schwarz,
4. rot,
5. gelb.

Eigenschaften: Süß-strenger Geschmack, heftige (scharfe) Potenz.

Anwendtingen: Mit gutem Heilergebnis bei folgenden Störungen: *Vata*-Fieber, Hautkrankheiten, Wunden, Würmern, bei Trunkenheit (Rausch), bei Bewußtlosigkeit, Gelbsucht, Hämorrhoiden, chronischen Wunden; zur äußeren Anwendung nur als Salbe auf dem Körper zu verwenden.

Zur Reinigung: Samen dieses Mittels müssen im Urin von Kühen aufbewahrt und dann getrocknet werden. Wenn ein rasender Hund beißt, müssen die Blätter der Pflanze zu einer Paste verarbeitet werden zusammen mit Jaggery, Tila und Caltropis giganlica.

Für 24 Stunden muß der Patient unter guter ärztlicher Kontrolle sein. Kommt es zu starken Augenbeschwerden, muß es als Augentropfeii angewandt werden, auch bei Geisteskrankheit anzuwenden.

Vajigandha (Abb. 25)

Vorkommen: Vajighandha wird in Kanada verschieden benannt: Anagaragadde, Ankigadde und Angaruberum. Es wächst auch in ganz Indien.

Die Wurzeln, der Samen und die Blätter werden in der Medizin genutzt.

Die Bezeichnung in den verschiedenen Sprachen lautet:

Vajigandha (Sanskrit), Hiriya maddinagida (Kanada), Asdgandha (Hindu), Parinerugadde (Telugu), Anukiramkalangu (Tamil), Withania somnifera (Latein).

Es gibt zwei Arten, je nach Farbe der Wurzeln:

1. Weißes Vajigandha,
2. Desiya Naraperdha.

Eigenschaften: Bitterer, stechend-scharfer Geschmack (zusammenziehend).

Anwendlingen: Hilft bei nervösen Störungen und Schleimbeschwerden. Stärkt die Lebensfreude, Kraft und Potenz beim Menschen. Es kann als Pulver benutzt werden. Dosis: 5 bis 15 Körnchen oder als Absud (1 Unze). Möchte jemand dick und stark werden, sollte er diese Medizin einnehmen, sie stärkt die Muskeln. Es ist ein Mittel zur Steigerung der Virilität und auch ein Verjüngungsmittel.

Abbildung 25

Withania somnifera, Dunal.

Vanalakshmi

Vorkommen: Wächst in ganz Indien.

In der Medizin nutzt man die Stengel, Blütenblätter und die Frucht.

Der Name in den verschiedenen Sprachen lautet:

Vanalakshmi, Kadali (Sanskrit), Gmeiner (GD), Kela (Hindu & Mal und Gujrat), Kewiro (Sind), Maoz (Duk), Kala (Beng), Kadelamu ('Fel), Kadali Mal-Vala (Tam), Balehannu Konkani-Keli (Kanada), Napiyabin (Bunna), Godang (Java), Mong, Monz (Arab. & Persisch), Vasha (Malaya), Mussa paradisiaca (Latein).

1. Vitamin A	- 220-230 mg
2. Vitamin B1	- 140 mg
3. Vitamin B2	- 28 mg
4. Vitamin B6	- 9 mg
5. Vitamin C	- 14 mg
6. Vitamin E	- 0,3 mg
7. Kalium	- 330 mg
8. Chlor	- 75,4 mg
9. Magnesium	- 40 mg
10. Schwefel	- 12 mg
11. Kohlenstoffhydrat	- 18,5 mg
12. Calcium	- 6 mg
13. Protein	- 1,2 mg
14. Natrium	- 8,2 mg
15. Eisen	- 0,35 mg
16. Kupfer	- 0,14 mg

Eigenschaften: Süßer Geschmack, kalte Potenz. Die Frucht hat einen süßstrengen Geschmack und kalte Potenz.

Anwendungen: Bei Weißfärbung des Urins sollte eine Milch mit Banane (Amalaki), Kandiszucker und Honig eingenommen werden, und zwar 1 bis 2 Monate lang.

Die unreife Frucht schmeckt süßstreng und ist gut gegen Gallenstörungen. Der Saft aus dem Stengel wird in das Ohr getröpfelt; ebenso lindert er Menstruationsbeschwerden. Den Stengel nutzt man dagegen bei Blutstörungen.

Die Blüte hat einen bitterstrengen Geschmack, sie erhöht die Verdauungsverbrennung und wird angewandt bei Blutstörungen und Blutsturzbeschwerden.

Varana Mulakam

Vorkommen: Varana Mulakam wächst an den Flußrändern in Rajputava und Bengalen.

Nur die Wurzel wird verwendet.

Der Name in den verschiedenen Sprachen:

Varana Mulakam (Sanskrit , Lamancha (Kanada), Khas (Hindu), Vetipera (Telugu), Elamacchai (Tamil), Vetiverea cicaniudes (Latein).

Eigenschaften: Kalte Potenz, bittersüßer Geschmack.

Anwendungen: Bei nervösen Störungen und Gallenbeschwerden, bei Durchfall, erhöht die Kraft, wirkungsvoll bei Stirn- und Nebenhöhlenentzündungen, brennendem Gefühl, Durst, Erbrechen, Vergiftung und bei Würmern.

Vrintaka

Vorkommen: Vrintaka ist ein Gemüse und wird im Haus verwendet, um Paalya, Sambar oder Chutney zuzubereiten. Es wächst in ganz Indien.

Der Name in den verschiedenen Sprachen lautet wie folgt:

Vrintaka (Sanskrit), Baigan (Hindu), Vankai (Telugu), Kattarikayai (Tamil), Badanekayi (Kanada), Solanum spirale (Latein).

Zusammensetzung von 100 g Vrintaka:

1.	Vitamin A	- 451 mg
2.	Vitamin B1	- 52 mcg
3.	Vitamin B2	- 90 mcg
4.	Vitamin C	- 24 mg
5.	Oxalsäure	- 28 mg
6.	Natrium	- 2 mg
7.	Kalium	- 220 mg
8.	Eisen	- 1 mg
9.	Phosphor	- 60 mg
10.	Calcium	- 200 mg
11.	Fett	- 0,3 mg
12.	Kohlenstofthydrat	- 6 g
13.	Protein	- 1 g

Eigenschaften: Süßer Geschmack, rauhe Eigenheit, akute Wirkung, heiße Potenz.

Anwendungen: Gut bei Hämorrhoiden, lindert Gallenbeschwerden, bringt Erleichterung bei Schleimbeschwerden und nervösen Störungen. In Anbetracht der heißen Potenz sollte es in Stücke geschnitten, mit Rizinusöl geröstet und dann angewandt werden. Bringt Linderung bei Schwellungen und bei Schmerzen. Bei allgemeiner Schwäche verwendet man den Samen. Bei Schlangenbiß und Schwierigkeiten beim Urinlassen nimmt man die Blätter. Es hilft auch bei Husten und Asthma.

Yagna

Vorkommen: Yagna ist ein Gras, das an Flußrändern wächst und ebenso an Teichrändern.

Es gibt zwei Arten, je nach Rauhheit oder Glätte.

Der Name in den verschiedenen Sprachen lautet:

Yagna (Sanskrit), Darbe (Kanada), Kush (Hindu), Dabhualu (Telugu), Kusam (Tamil), Desmodia chya bipinnata (Latein).

Eigenschaften: Nur die Graswurzeln werden in der Medizin genutzt wegen des süßen Geschmacks (zusammenziehend) und kalter Potenz.

Anwendungen: Bei Gallenstörungen und Schleimbeschwerden in einer Dosis von 1,5 g; bei Zurückhalten von Urin, bei weißem Frauenausfluß, bei Verdauungsstörungen, Hämorrhoiden und brennendem Gefühl.

Was Sie für Ihre Gesundheit tun können

Die Pflicht zur Gesundheit

Weil der Mensch ein Teil des Kosmos ist und in einer Wechselbeziehung zur Umwelt steht, sind seine Gesundheit oder seine Krankheit nach ayurvedischer Auffassung nicht einfach seine »Privatsache« , sondern beeinflussen letztlich auch die Welt in positiver oder negativer Weise. Deshalb hat der einzelne die Pflicht, sich gesund zu erhalten, wobei seine Gesundheit nicht nur ihm selbst, sondern auch der Harmonie des Kosmos zuträglich ist.

Einerseits muß jeder Patient deshalb seinen Arzt nach besten Kräften unterstützen und sich bei der Heilung nicht einfach passiv auf dessen Können verlassen. Die Einsicht in das Fehlverhalten, das die Krankheit ausgelöst hat, und die Bereitschaft, dieses Verhalten zu korrigieren, sind für eine dauerhafte Heilung des Patienten unerläßlich. Nach ayurvedischer Vorstellung hat jeder Mensch die Kraft, sich selbst zu heilen, denn der menschliche Körper ist die beste Apotheke, die jemals eingerichtet wurde. Sie bringt auf natürliche Weise alles das hervor, was die pharmazeutische Industrie künstlich herstellt. Aufgabe des Arztes ist es dementsprechend in erster Linie, die Selbstheilungskräfte des Patienten in Gang zu setzen und zu stärken, nicht aber zu »heilen« im eigentlichen Sinne des Wortes.

Andererseits kann jeder Mensch bereits vorbeugend eine Menge für sich tun, um mögliche Krankheiten zu vermeiden. Diese »Vorbeugemaßnahmen« umfassen einen großen und sehr wesentlichen Teil der ayurvedischen Schriften, während die damit vergleichbare »Präventivmedizin« des Abendlandes längst nicht so umfangreich ist.

Um Krankheiten vorzubeugen, gibt es eine Reihe von Empfehlungen, die sich auf die körperlichen, seelischen und geistigen Verhaltensweisen beziehen und deren Grundzüge im folgenden erläutert werden sollen. Die Trennung zwischen körperlichen und geistig-seelischen Faktoren erfolgt hier nur unter Gliederungsgesichtspunkten und ist im Grunde nicht in dieser Weise im Ayurveda angelegt. Denn selbstverständlich haben »körperliche« Faktoren auch eine »geistig-seelische« Wirkung und umgekehrt.

Ihre körperliche Gesundheit: Ernährung, Fasten und Hygiene

Der Ernährung kommt im Ayurveda ein zentraler Stellenwert zu: Das Zusichnehmen der richtigen Nahrung hat geradezu medikamentösen Charakter, und Arzneien werden erst dann eingesetzt, wenn die richtige Ernährung allein nicht mehr heilsam wirkt.

Der Einfluß der Nahrungsmittel hängt von verschiedenen Faktoren ab, und zwar von

- der Menge, in der sie zu sich genommen werden,
- der Art und Weise beziehungsweise der geistigen Haltung beim Essen,
- der Tages- und der Jahreszeit sowie
- dem jeweiligen Konstitutionstyp.

Je nach *Tridosha* können Nahrungsmittel entweder positiv oder negativ, also krankheitsfördernd, wirken. Um die Wirkung von Nahrungsmitteln zu bestimmen, muß deren Geschmack in Erwägung gezogen und außerdem geklärt werden, ob sie schwer oder leicht sind, ob sie Hitze oder Kälte erzeugen und ob sie ölig, trocken, flüssig oder fest sind.

Besonders ihr Geschmack, im Ayurveda als *Rasa be*zeichnet, ist von zentraler Bedeutung. Außer den bei uns bekannten fünf *Rasas* süß, sauer, salzig, scharf und bitter gibt es noch eine sechste, die als »zusammenziehend«, »herb« oder »adstringent« beschrieben wird. Jede Geschmacksrichtung wird wiederum in Verbindung mit den fünf Elementen gebracht. So wird der Süße Erde und Wasser zugeordnet, dem Sauren Erde und Feuer, dem Salzigen Wasser und Feuer, der Schärfe Feuer und Luft, dem Bitteren Luft sowie Äther und dem Zusammenziehenden Luft und Erde.

Für Menschen mit *Vata*-Konstitution empfehlen sich süße, saure und salzige Speisen, während bittere, scharfe und zusammenziehende im Übermaß schädlich wirken, weil sie das bei diesem Typ ohnehin starke Luft-Element noch vermehren. Für eine *Pitta*-Konstitution sind süße, bittere und zusammenziehende Nahrungsmittel gut, während saure und scharfe das Feuer-Element im Körper zu sehr verstärken können. *Kapha-Ty*pen sollten scharfe, bittere und zusammenziehende Speisen wählen, süße, saure und salzige hingegen meiden, um das Wasser-Element nicht zu verstärken.

Neben dem Geschmack oder *Rasa* ist *Virya* (sprich: »wirja«), die Empfindung von Hitze oder Kälte, die eine Nahrungssubstanz nach dem Schlucken im Magen hervorruft, von Bedeutung, außerdem noch die nach der Verdauung einsetzende Wirkung, die als *Vipak* (sprich: »wipak«) bezeichnet wird. Diese Unterscheidungen prägen auch den Einsatz von Medikamenten im engeren Sinne, wobei noch *Prabhava* hinzukommt, die spezifische Wirkung jeder Substanz im Körper.

Um dem Leser einen Eindruck von der Wirkungsweise der Geschmacksrichtungen, ihren Eigenschaften und ihrer Beziehung zu verschiedenen Nahrungsmitteln zu geben, folgt ein Überblick über die *Rasas mit* einigen Beispielen:

Süß *(madhura)* besitzt die Eigenschaften *(Gunas)* schwer, kalt, ölig und schleimig. Therapeutisch wirksam ist es bei erhöhtem *Vata* und *Pitta,* während es bei Krankheiten, die auf einem erhöhten *Kapha* beruhen, wie Fettleibigkeit oder Erkältungen, nicht verwendet werden soll. Süßes eignet sich unter anderem bei Schwächezuständen, zur Förderung der Brustmilch und Samenproduktion und in der Altersheilkunde. Bei übermäßigem Genuß führt Süßes zu Depressionen, Lymphknoten- und Bindehautentzündungen, Appetitlosigkeit, erhöhter Anfälligkeit für Erkältungen, Asthma, Fieber und Verdauungsbeschwerden. Es ist zum Beispiel enthalten in

- vielen Getreidearten wie Weizen, Gerste, Roggen, Hafer,
- Früchten wie Orangen, Bananen, Birnen, Weintrauben und Feigen,
- manchen Gemüsesorten wie Gurken, Zwiebeln, Kohl, Linsen und Erbsen,
- Wal-, Erd- und Kokosnüssen,
- Ölen aus Sesam, Rizinus, Sonnenblumenkernen, Oliven,
- süßen Milchprodukten,
- Butter, Ghee und Honig,
- in Fleisch, Reis, Kartoffeln und natürlich in Zucker.

Saures *(amla)* besitzt die Eigenschaften leicht, heiß und ölig. Es verstärkt sowohl *Pitta* und *Kapha* als auch *Agni* und wirkt daher verdauungsfördernd. Entsprechend ist es bei Verdauungsstörungen und bei einem gestörten *Vata* zu empfehlen, während es bei Gastritis, inneren Blutungen und Gelbsucht zu meiden ist. Saures regt den Appetit an, stärkt den Geist und die Sinnesorgane. Übermäßiger Genuß von Saurem kann zu Störungen des Blutes, zu Muskelschwäche, Ödemen, Entzündungen, Geschwüren und Sodbrennen führen. Saures ist unter anderem enthalten in

- den Milchprodukten Joghurt, Käse und saurer Milch,
- vielen Früchten wie grünen Trauben, unreifen Mangos, Hagebutten, Granatäpfeln, Sauerkirscheu, Zitronen,
- außerdem in Tamarinde, Himbeersaft, Sauerampfer und Sauerklee.

Salziges *(lavana,* sprich: »lawana«) mit den Eigenschaften schwer, ölig und heiß vermindert *Vata* und vermehrt *Pitta* sowie *Kapha.* Es ist bei schlechter Verdauung angezeigt und wirkt krampflösend, weshalb es sich auch bei Husten als Auswurfmittel eignet. Bei Hautkrankheiten, Bluthochdruck, Schwellungen und Magengeschwüren soll man nichts Salziges zu sich nehmen. Bei übermäßigem Verzehr salziger Speisen kann es unter anderem zu Durst, Bewußtlosigkeit, Fieber, Zahnausfall, Impotenz, verminderter Funktionsfähigkeit der Sinnesorgane, frühzeitigem Ergrauen der Haare und Haarausfall kommen. Salz ist in Meer-, Stein- und Erdsalz sowie in Natriumkarbonaten und Ammoniumchlorid enthalten.

Scharfes *(katu)* besitzt die Eigenschaften, leicht, heiß sowie trokken zu sein und wirkt *kapha*vermindernd sowie *pitta-* und *vata*vermehren d. Scharfes fördert die Verdauung, reinigt das Blut und hält die Mundhöhle sauber. Therapeutisch nützlich ist es bei Herz- und Hautleiden, bei Appetitverlust, Würmern, Fettleibigkeit, Diabetes, Husten, Schnupfen und Asthma, während es bei Störungen der Samenproduktion und des Harnverhaltens nicht angewendet werden soll. Im Übermaß genossen, führen scharfe Speisen zu Mattigkeit, Schwäche, Schwindel, Zittern, Ohnmacht, Durst, Nervenschmerzen und Empfindungen des Brennens in Hals, Magen und Herz. Scharfes ist unter anderem in folgenden Lebensmitteln enthalten:

- in Gewürzen wie Pfeffer, Basilikum, Oregano, Majoran, Rosmarin, Thymian, Muskatnuß und Kümmel,
- in Zwiebeln, Rettich, Paprika, Ingwer, Petersilie, Dill und Kamille sowie
- in ätherischen Ölen.

Bitteres *(tikta)* besitzt die Eigenschaften leicht, kalt, rauh und fein; es stärkt *Vata* und vermindert *Kapha* und *Pitta.* Als antitoxisches, keimtötendes, blutreinigendes und fiebersenkendes Mittel ist es bei Appetitmangel, Hautkrankheiten, Verdauungsstörungen, Magengeschwüren, Gelbsucht, Fieber, Fettleibigkeit, Diabetes, eiternden und nässenden Wunden hilfreich. Bei einer verminderten Samenproduktion und Erkrankungen des Knochenmarks soll es nicht angewandt werden. Übermäßiger Genuß führt zu körperlicher Schwäche, Niedergeschlagenheit, Bewußtlosigkeit und Schwindelgefühl. Bitteres ist vorhanden in vielen Pflanzen wie Löwenzahn, Ampfer, Bockshornklee, gelbem Enzian, Tausendgüldenkraut, Brennessel, Tabak, Fingerhut, Maiglöckchen, Schlüsselblumen, Alpenveilchen, Roßkastanie, Gelbwurz, Jasmin, Aloe, Kalmuswurzel und Rhabarben.

Herbes oder Zusammenziehendes *(kasaya,* sprich: »kasaja«) ist trocken, kalt und leicht, verstärkt *Vata* und vermindert *Pitta* sowie *Kapha.* Es hat eine beruhigende Wirkung und wird bei Durchfall und Ruhr, bei Blutungen, Wunden, unnatürlicher Vermehrung der Harnmenge und bei Atemstörungen eingesetzt. Es wirkt aber auch verstopfend auf die Blutgefäße und soll bei einer allgemeinen Schwäche nicht angewendet werden.

Übermäßiger Genuß herber Speisen führt zu Herzschmerzen, trockenem Mund, rauher Stimme, Verstopfung, mangelndem Sauerstoffgehalt im Blut, Blähungen, Versteifung und psychischer Niedergeschlagenheit. Herbes ist in unreifen Bananen, Granatäpfeln, Myrrhe, Curcuma, Alaun, Johanniskraut, Feigen, Walnüssen, getrockneten Heidelbeeren und Honig enthalten.

Zur Art und Weise, wie Speisen zu sich genommen werden, gibt es im Ayurveda eine Reihe von ganz allgemeinen Ratschlägen:

Zunächst ist zu beachten, daß die Nahrung nicht nur den Körper, sondern auch Geist und Seele (er)nährt. Deshalb ist es wichtig, daß man mit vollem Bewußtsein ißt und sich nicht durch Lesen, Fernsehen, oder andere Dinge davon ablenken läßt. Auch auf eine positive Umgebung sollte man achten, und natürlich ist ein zu hastiges Essen zu vermeiden. Die Nahrung sollte gut gekaut werden, und zwar jeder Bissen 32 Mal, bevor er geschluckt wird, damit die Verdauung bereits im Munde beginnt. Man sollte weder zu viel noch zu wenig essen, das heißt, der Magen sollte zu einem Drittel mit Nahrung, zu einem Drittel mit Flüssigkeit und zu einem Drittel mit Luft gefüllt sein. Es empfiehlt sich nicht, vor dem Essen zu trinken, weil dies *Agni* negativ beeinflussen kann; während des Essens kann man erwärmtes Wasser trinken, nicht aber kaltes, weil dies *Agni,* das Verdauungsfeuer, hemmt.

Außerdem ist der Speiseplan den Jahreszeiten anzupassen, und zwar auf folgende Weise, die auch im abendländischen Denken, allerdings ohne Bezug zu den *Tridoshas,* bekannt ist: In der kalten *Kapha*-Jahreszeit von Dezember bis Februar sind schwere Nahrungsmittel, auch in großen Mengen, empfehlenswert, um einer *Vata*-Störung vorzubeugen. Das heißt, fette, salzige und saure Speisen sind in dieser Zeit zu bevorzugen, während scharfe, bittere und zusammenziehende zu meiden sind.

In den Frühjahrsmonaten, wenn sich langsam der Wechsel zu *Pitta* vollzieht, verflüssigt sich das angesammelte *Kapha* durch die Sonneneinstrahlung. In dieser Zeit ist der Verzehr schwerer, saurer, fetter und süßer Speisen nicht ratsam. Reinigungskuren sind dem Körper zuträglich.

Im Sommer, wenn sich *Pitta* voll entfaltet, sind saure, salzige, scharfe und heiße Nahrungsmittel schädlich, während süße, kühle und flüssige Speisen und Getränke dabei helfen, den negativen gesundheitlichen Auswirkungen dieser Jahreszeit zu entgehen.

Im Herbst, der *Vata*-Zeit, empfehlen sich süße, kühle, leicht bittere und *pitta*verringernde Speisen sowie Getränke. Tierfette, Öle, das Fleisch von Wasser- und Sumpftieren sowie Quark sind zu meiden.

Wir ersparen uns hier weitere detaillierte Angaben zur Verwendung oder Zubereitung von Speisen, weil es mittlerweile Bücher gibt, die sich ausschließlich mit ayurvedischer Ernährungsweise und Kochkunst befassen. Der daran interessierte Leser findet die Literaturangaben dazu am Ende des Buches.

Mittlerweile ist das Fasten in Europa zur Mode geworden und gilt allgemein als körperreinigend, doch ist auch hierbei auf den jeweiligen Konstitutionstyp zu achten. So sollten Menschen mit einer Vata-Konstitution nicht länger als drei Tage hintereinander fasten, um das Luft-Element im Körper nicht zu stark zu vermehren. Sonst kann es zu Furcht, Besorgtheit, Nervosität und Schwäche kommen. Auch *Pitta*-Typen sollten ihre Fastenkur auf drei bis vier Tage beschränken, um das Feuer-Element nicht zu sehr zu vermehren, was zu Zorn, Haß und Schwindelgefühlen führen kann. Menschen mit einer *Kapha*-Konstitution hingegen können sich ein längeres Fasten erlauben und erleben dadurch ein angenehmes Gefühl von Leichtigkeit, größerer Bewußtheit und Klarheit.

Während des Fastens soll *Agni* keinen Belastungen ausgesetzt werden. Sinnvoll angeregt werden kann das Verdauungsfeuer aber zum Beispiel durch Ingwer, schwarzen Pfeffer, Cayennepfeffer und Curry, die anregend wirken und, in Form von Tee genommen, die Toxine verbrennen. Bei Fieber, Erkältungen, Verstopfung oder arthritischen Schmerzen ist Fasten von Vorteil, ebenso wenn sich Toxine im Dickdarm angesammelt haben. Läßt die körperliche Kraft stark nach, soll man das Fasten beenden.

Neben den Empfehlungen zur Ernährung gibt es im Ayurveda auch viele zur Körperhygiene. Einige von ihnen sollen im folgenden aufgeführt werden:

- Zur Verbesserung der Sehkraft sollte man täglich fünf Minu
- ten in die Strahlen der Sonne sowie morgens und abends zehn Minuten in eine ruhige Flamme sehen.
- Die natürlichen Bedürfnisse des Körpers wie Stuhl- und Harndrang, Niesen, Gähnen, Aufstoßen und das Abgehen von Winden sollten nach Möglichkeit nicht unterdrückt werden.
- Das Einreiben der Fußsohlen mit Sesamöl vor dem Schlafengehen fördert einen ruhigen Schlaf.
- Eine Beruhigung des Geistes und einen festen Schlaf bewirkt das Einreiben des Kopfes mit Öl.
- Das Lesen im Bett schadet der Sehkraft.
- Fünfzehn Minuten auf dem Rücken zu liegen, entspannt den Körper und beruhigt den Geist.
- Die Haare sollten direkt nach dem Waschen getrocknet werden, um Nebenhöhlenentzündungen zu vermeiden.
- Gewaltsames Schneuzen schadet Ohren, Augen und Nase.
- Lange Fingernägel sind unhygienisch.
- Wiederholtes Onanieren schadet dem Körper, ebenso Geschlechtsverkehr während der Menstruation.
- Geschlechtsverkehr unmittelbar nach dem Essen schadet dem Körper.
- Oraler und analer Geschlechtsverkehr sind unhygienisch, weil sie *Vata*-Störungen verursachen.
- Warme Milch mit Cashewnüssen und braunem Zucker nach dem Geschlechtsverkehr stärkt die Kräfte und erhält die sexuelle Energie.
- Während der Periode sind körperliche Anstrengungen wie Laufen zu vermeiden.

Ihre geistig-seelische Gesundheit:

Geistige Hygiene, Yoga und Transzendentale Meditation

Hygiene ist nicht nur ein körperlicher, sondern auch ein geistig-seelischer Faktor - deshalb werden im Ayurveda unter anderem folgende Empfehlungen gegeben:

- Angst und Nervosität sind zu vermeiden, weil sie Energien zerstreuen und *Vata*-Störungen hervorrufen.
- Dasselbe gilt für übermäßiges Reden.
- Besitzgier, Gier und Ergebenheit wirken sich schädlich auf *Kapha* aus.
- Große Sorgen schädigen das Herz.
- Haß und Zorn führen zur Ansammlung von Giftstoffen im Körper und stören *Pitta.*
- Das Unterdrücken von Weinen und Lachen bewirkt Verspannungen und Verkrampfungen.

In den folgenden Abschnitten sollen zwei umfassende Systeme der Gesundheit vorgestellt werden, die mit Ayurveda in enger Verbindung stehen, weil sie dieselbe Denkweise teilen, und zwar Yoga und Transzendentale Meditation.

Der Yoga wurde als geistige Technik zur Erlangung der Selbsterkenntnis (*Atman* beziehungsweise *Purusha)* bereits im dritten Kapitel vorgestellt. Sein Ziel besteht in erster Linie in einem absichtlichen Ausschalten der Gemütstätigkeit, um die Denksubstanz von *Rajas* und *Tamas* zu reinigen, so daß nur *Sattva* übrigbleibt. Yoga wird im Westen oft mißverstanden als eine Reihe von körperlichen Übungen. Diese gehören zwar auch dazu, doch ist er seinem Wesen nach eigentlich etwas anderes, denn die körperlichen Übungen sind nur *ein* Mittel zum Zweck der geistigen Beherrschung. Zwar kann im Rahmen dieses Buches keine grundlegende Einführung in den Yoga gegeben werden - der interessierte Leser sei wiederum an das Literaturverzeichnis am Ende des Buches verwiesen -, doch sollen hier kurz ein paar Grundzüge erläutert werden.

Patanjali (sprich: »patan-dschali«), der Begründer des Yoga, unterscheidet acht Glieder des Yoga, zu denen folgende Yoga-Übungen gehören: die natürliche Regulation des Nervensystems, Disziplin, Reinigung, Körperhaltung, Konzentration, Kontemplation, das Erwachen des Bewußtseins und der Zustand vollkommenen Gleichgewichts, der mit der Ruhe identisch ist. Yoga-Übungen wirken sowohl heilsam als auch vorbeugend, weil sie den Stoffwechsel verbessern und dadurch den Menschen gegen Streß stärken. Nach dem Ayurveda sind je nach Konstitutionstyp bestimmte Übungen geeignet. Allgemein ist Yoga vor allem bei folgenden Erkrankungen als ayurvedische Therapie angezeigt: Bluthochdruck, Bronchialasthma, Diabetes, Arthritis, Angstneurose und Kopfschmerz-Syndrom.

Ein zentrales Moment des Yoga sind die Atemübungen, *Pranayama* (sprich: »prana-jama«) genannt. Wenn man sie praktiziert, erfährt man Kreativität, Freude und höchstes Glück sowie heilsame gesundheitliche Wirkungen auf Lunge, Herz und andere Organe. Auch die empfohlenen Atemübungen sind vom jeweiligen *Dosha* abhängig. So gibt es für Menschen mit einer *Pitta*-Konstitution eine Atemübung, bei der durch das linke Nasenloch ein- und durch das rechte Nasenloch ausgeatmet wird, wobei man mit Hilfe von Daumen und Mittelfinger jeweils ein Nasenloch verschließt beziehungsweise öffnet. Dies übt eine kühlende Wirkung auf den Körper aus. Bei einer *Kapha*-Konstitution empfiehlt sich das Umgekehrte, also das Einatmen mit dem rechten und das Ausatmen mit dem linken Nasenloch, was sich erwärmend auswirkt. *Vata*-Typen sollten abwechselnd durch beide Nasenlöcher atmen. Für die richtige Durchführung dieser Übung ist jedoch ein erfahrener Lehrer nötig, da sie bei falscher Ausübung schädlich wirken kann.

Zusammen mit Ayurveda in Europa ist die Transzendentale Meditation (TM) bekanntgeworden, und zwar durch Maharishi Mahesh Yogi, der sie im Abendland eingeführt hat. Es handelt sich dabei um eine vom Yoga in »technischer« Hinsicht stark abweichende, sehr einfache und anstrengungslose Methode, die das Ziel hat, einen Zustand entspannter, ruhevoller Wachheit hervorzurufen. Die TM ist unter Anleitung eines fachkundigen Lehrers innerhalb von vier Treffen beziehungsweise »Unterrichtsstunden« erlernbar und erfordert keinerlei geistige Voraussetzungen. Der zeitliche Aufwand beträgt nicht mehr als zweimal täglich zwanzig Minuten. Außerdem kann die TM unabhängig von jeder Weltanschauung oder Religion praktiziert werden. Der TM-Lehrer hat auch nicht den Status eines Gurus, wie man ihn in vielen Sekten oder religiösen Gemeinschaften antrifft: Nach der Einweisung in die TMTechnik und schon währenddessen kann jeder für sich allein - unabhängig von seinem Lehrer oder der TM-Organisation - meditieren. Denn die TM wurde von Maharishi Mahesh Yogi als »Hilfe zur Selbsthilfe« konzipiert und nicht, um Menschen in irgendeiner emotionalen oder religiösen Abhängigkeit zu halten. Ein weiteres Vorurteil gegen die TM ist die Ansicht, Meditation sei nur etwas für einige wenige Auserwählte mit einer besonderen Lebensweise wie Einsiedler oder Mystiker, die zurückgezogen von der Gesellschaft leben. Auch dies ist im Hinblick auf die TM völlig unzutreffend, denn abgesehen von der zweimal täglich praktizierten Meditation leben alle Meditierenden ein völlig normales, weltzugewandtes Leben.

Für die Ausübung der TM bedarf es eines Mantras, eines nach herkömmlichem Sprachverständnis sinnlosen Wortes, das der TM-

Lehrer für den Schüler individuell aussucht. Die »Arbeit« mit diesem Mantra dient dazu, in den transzendentalen Bewußtseinszustand einzutauchen, die vierte Form des Bewußtseins, die neben Wachen, Träumen und Schlafen existiert. Während der Weg in die Welt normalerweise vom Denken über das Sprechen zum Handeln führt, geht die TM den umgekehrten Weg nach innen, wobei aber nicht so sehr die Gedanken als vielmehr das Energiezentrum von Bedeutung ist, aus dem die Gedanken entspringen. Die TM hat den Sinn, durch den Kontakt mit diesem Energiezentrum in Verbindung mit dem universalen kosmischen Feld zu treten, das alle Elemente der Welt miteinander verbindet, und aus diesem Kontakt Kraft für den Alltag zu schöpfen sowie Streß abzubauen.

Bei dem geringen Aufwand und der einfachen Technik der TM sind die enormen Wirkungen der TM um so erstaunlicher. Die nach abendländischer Methode durchgeführten wissenschaftlichen Untersuchungen zur Erforschung dieser Wirkungen füllen mittlerweile ganze Bibliotheken; Schätzungen zufolge gibt es mindestens 700 Untersuchungen zu diesem Thema, die den Erfolg der TM auf vielen Gebieten wissenschaftlich belegen. Zu den erwiesenen gesundheitlichen Effekten gehören unter anderem das Nachlassen des Medikamenten-, Nikotin- und Alkoholkonsums, der Abbau von Streß im Körper und ein größeres geistig-seelisches Wohlempfinden. Sogar im klinischen Bereich der Psychiatrie konnten Erfolge nachgewiesen werden, darunter zum Beispiel der Abbau von Ängsten und Persönlichkeitsschwächen.

Eine ganz andere und ebenfalls wissenschaftlich bestätigte Wirkung ist der sogenannte Maharishi-Effekt, der die Feldeigenschaften des Bewußtseins sehr schön veranschaulicht: Wenn in einer Stadt nur ein Prozent der Bevölkerung TM praktiziert, dann sinkt nachweislich die Kriminalitätsrate unter den Menschen um durchschnittlich 8,2 Prozent. Dies wurde unter anderem in mehreren amerikanischen Städten wie Boulder und Berkeley festgestellt. Auch einen erweiterten Maharishi-Effekt gibt es, bei dem die Auswirkungen der Meditation über mehrere tausend Kilometer nachgewiesen wurden, wobei die Zahl der Meditierenden noch wesentlich geringer als ein Prozent war. Nähere Erläuterungen dazu finden Sie in den Büchern von Deepak Chopra (vgl. Literaturverzeichnis) und in den Veröffentlichungen der Deutschen MERU-Gesellschaft (vgl. Adressenverzeichnis). Diese Beispiele zeigen die bereits mehrfach angesprochene Übereinstimmung von Mikro- und Makrokosmos sowie den Zusammenhang zwischen Gesundheit und Umwelt.

Die Technik der Transzendentalen Meditation soll hier im einzelnen nicht näher beschrieben werden; Literatur zu diesem Thema und eine zentrale Anschrift der Organisationen, in denen man die TM erlernen kann, finden sich am Ende des Buches.

Es gibt noch eine Reihe anderer geistiger Techniken, die einen positiven Einfluß auf das gesundheitliche Wohlbefinden ausüben und in gewisser Hinsicht mit Ayurveda in Verbindung stehen, allerdings im Vergleich zu Yoga und TM weniger umfassend sind, weil sie sehr eng eingegrenzte Ziele verfolgen. Die wichtigsten von ihnen sind das Biofeedback, bei dem die Funktionstätigkeit bestimmter Organe über das Bewußtsein gesteuert wird, außerdem zahlreiche Entspannungstechniken und Autogenes Training, auch bekannt unter dem Schlagwort »positives Denken«, wobei sich der Patient unter anderem seine Gesundheit visuell vorstellt. Die Literatur zu diesen Techniken ist sehr umfangreich und würde das Literaturverzeichnis zu diesem Buch sprengen. Interessierte Leser mögen daher in einer Bibliothek oder Buchhandlung nach Büchern oder Compactkassetten zu diesen Themen fragen.

Wirkt Ayurveda? oder Glauben Sie an Ihre Gesundheit?

Wenn Krankheit der Verlust des körperlich-seelischen Gleichgewichts ist, so kann dieses Gleichgewicht nicht nur mit Medikamenten, also mit »Chemie« allein, wiederhergestellt werden. Denn Medikamente verschaffen immer nur eine Linderung der Krankheitssymptome, aber sie beseitigen nicht die Krankheitsursache und damit auch nicht die Krankheit als solche. Der indische Arzt Dr. Deepak Chopral, der Ayurveda im Abendland bekanntgemacht hat, vergleicht die Partnerschaft von Geist und Körper mit einem Ballon: »Man drückt ihn an einer Stelle zusammen und an einer anderen wölbt er sich.« (»Gesundsein aus eigener Kraft«, S. 112).

Um eine Krankheit wirklich zu beseitigen, ist eine Änderung der geistigen Haltung nötig (weshalb ja geistige Techniken so wichtig sind), denn der geistig-körperliche Zustand des Menschen ist die Summe seiner negativen und positiven Gedanken. Dies ist der üblichen abendländischen medizinischen Anschauung, die den Menschen nur von seiner physisch-materiellen Seite her betrachtet, konträr entgegengesetzt. »Bislang erklärte die Naturwissenschaft, daß wir Maschinen seien, die irgendwie denken gelernt hätten. Nunmehr dämmert eine Ahnung davon herauf, daß wir Gedanken sind, die gelernt haben, sich eine physische Maschine herzustellen«, schreibt Dr. Chopra (»Die heilende Kraft«, S. 82).

Wenn also unser Geist, unser Unterbewußtsein, das kosmische Feld - oder wie immer man die Ouelle des Denkens bezeichnet - Vorgestelltes oder Gedachtes Wirklichkeit werden läßt, dann trifft dies auch auf Gesundheit und Krankheit zu. Und es gibt eine Fülle von Beispielen aus der Medizin, die dies belegen.

Dr. Cliopra erzählt von einer Patientin, die vermeintlich Gallensteine hatte und deswegen operiert werden sollte. Während der Operation merkten die Ärzte jedoch, daß sie »hoffnungslos« an Krebs litt und schlossen die Bauchdecke ohne weiteren medizinischen Eingriff. Der Patientin erzählte man jedoch auf Wunsch der Tochter, die Gallensteine seien erfolgreich entfernt worden. Als die Patientin einige Monate später zu einer Routineuntersuchung zu Dr. Chopra kam, konnte er keinerlei Anzeichen von Krebs oder Gallensteinen mehr feststellen. Die Patientin war also gesund und erzählte: »Ich war so sicher, daß ich Krebs hatte. Und als sich dann herausstellte, daß es nur Gallensteine waren, faßte ich den Entschluß, nie wieder krank zu werden.«

Diese Geschichte (sie findet sich in den Büchern »Die heilende Kraft«, S. 109 und »Gesundsein aus eigener Kraft«, S. 65) zeigt sehr eindringlich, was ein auf Gesundheit ausgerichtetes Denken zu bewirken vermag: Wenn derGeist sich auf Gesundheit einstellt, dann muß der Körper folgen, denn die richtige geistige Einstellung weckt die Selbstheilungskräfte des Organismus und das sogar bei angeblich hoffnungslosen Fällen.

Leider gibt es auch Beispiele für den entgegengesetzten Effekt: Bei einem älteren Patienten, der starker Raucher war, sich aber gesund fühlte, wurde bei einer Routineuntersuchung Lungenkrebs festgestellt. Bis zu diesem Zeitpunkt war der Patient ohne jede Beschwerden gewesen, doch unmittelbar nach der Diagnose verschlimmerte sich sein Zustand sehr schnell: Innerhalb von drei Tagen hustete er Blut, innerhalb von drei Wochen litt er an Atemnot und nach einem Monat verstarb er. Es ist, so meint Dr. Chopra (der dies in »Gesundsein aus eigener Kraft«, S. 65, erzählt), als ob der Patient an der Diagnose und nicht an der Krankheit gestorben wäre. In einem anderen Fall äußerte sich eine an sich gesunde Patientin, die regelmäßig zur Routineuntersuchung kam, jedes Mal besorgt darüber, daß sie vielleicht Krebs haben könnte. Nach einigen Jahren stellte der Arzt dann tatsächlich Krebs bei der Untersuchung fest (»Gesundsein aus eigener Kraft«, S. 105). Die Patientin hatte sich ihre Krankheit regelrecht eingeredet oder eingebildet, bis ihre Einbildung zur Wirklichkeit wurde. Es ist also offenbar so, daß sich der Mensch seine Krankheiten bewußt oder unbewußt selbst aussucht.

Eine stark positive Einstellung, Glück und Zufriedenheit führen zum Heilungserfolg oder beugen möglichen Krankheiten vor, während Hoffnungslosigkeit, Verzweiflung und nichtabgebauter Streß eine Heilung verhindern oder Krankheiten heraufbeschwören. Dabei ist es letztlich gar nicht so wichtig, ob man an die Wirkung von *Vata, Pitta* oder *Kapha,* von *Agni* oder *Pancakarma* oder in der abendländischen Medizin an die Existenz von Bakterien oder Viren glaubt, denn dies sind letztlich nur »Hilfsmittel« oder »Eselsbrücken«, die einen Weg zur Gesundheit bahnen sollen. Entscheidend ist vielmehr, daß jeder Mensch an seine Gesundheit glaubt und daran, daß er gesund werden kann.

Wir hoffen, unser kleiner Streifzug durch das riesige Gebiet des Ayurveda war informativ und hat unseren Lesern Spaß gemacht. Bei der Anwendung des Ayurveda wünschen die Autoren allen Lesern viel Erfolg, viel Gesundheit und vor allem einen starken Glauben an ihre Gesundheit!

Glossar
der Sanskrit-Begriffe
zum
Ayurveda

Die Aussprache der Sanskritwörter

Sanskrit:	wie im Deutschen:
bh	Gehauchtes b
c	tsch (wie in »tschüß«)
dh	Gehauchtes d
gh	Gehauchtes g
h hinter einem Vokal	ch (wie in »ach«)
i	dj (mit j wie in »Journal«)
kh	Gehauchtes k
ph	Gehauchtes p
s	immer scharf wie ß
sh	sch
th	Gehauchtes t
v	w
y	j

Die Sanskrit-Begriffe

Bei sämtlichen Sanskrit-Begriffen wurden der Einfachheit halber in der Mehrzahl deutsche Endungen verwendet.

Adhibhautika-Dukha exogene (äußere) Krankheitsursache

Adhidaivika-Dukha naturbedingte Krankheitsursache

Adhyatmika-Dukha endogene (innere) Krankheitsursache

Agni	das Verdauungsfeuer, das den Stoffwechsel regelt und Nahrung in Körpergewebe um wandelt
Agnivesha	ein Schüler von *Punarvasu,* der ein medizinisches Lehrwerk über Ayurveda schrieb
Ahamkara	der »Ichmacher«-, Teil der menschlichen Psyche, der nach dem *Samkhya* ein Ich-Be wußtsein vortäuscht
Akasha	Äther, eines der 5 grobstofflichen Elemente im menschlichen Körper
Alocaka-Pitta	*Pitta* in den Pupillen
A*ma*	giftige Verdauungsrückstände, die sich im Körper angesammelt haben und Krankheiten verursachen
amla	sauer; eines der 6 *Rasas*
Apana-Vata	*Vata* im kleinen Becken
Apas	Wasser; eines der 5 grobstofflichen Elemente im menschlichen Körper
Ashoka	indischer König um 250 v. Chr., der um fassende medizinische Reformen durchführte und zur Verbreitung des Ayurveda beitrug
Ashtanghardaya	(»Herz der 8 Glieder«); eines der drei medizinischen Standardwerke des Ayurveda von Vagbhata
Ashvin-Kumaris	in der indischen Mythologie ein auf himmlischen Rossen reitendes Brüderpaar, eine Art Nothelfer oder Ärzte der Götter, die ayurvedisches Wissen besaßen
Asti-Dhatu	Knochen-, eines der 7 *Dhatus*
Atman	das ewige, körperlose und unzerstörbare »Selbst«; Ziel der religiös-philosophischen Selbsterkenntnis nach dem *Vedanta, Samkhya* und *Yoga*

Atreya	*Punarvasu*
Avyaktam	das »Unentfaltete«; im *Samkhva* der Zustand von At*man* und *Prakriti* im Gleichgewicht vor der Entstehung der Welt
Avalanibaka-Kapha	*Kapha* in Herz und Brust
Ayurveda	»Wissen vom Leben« oder »Kunde vom langen Leben«
Ayus	Leben
Bharadvaja	*ein Rishi* der Stadtkultur, dernach der indischen Mythologie als erster Sterblicher das ayurvedische Wissen erhielt
Bheda	»Ausgang«; 6. Krankheitsstadium
Bhra.jaka-Pitta	*Pitta* in der Haut
Bodhaka-Kapha	*Kapha* in der Zunge
Brahman	in der indischen Philosophie und Religion göttliche, transzendente, kosmische Kraft, heiliges Wort, Gottheit
Brahmane	Angehöriger der obersten oder Priester-Kaste
Buddlii	geistiges Gewahrwerden; Teil der mensch lichen Psyche im *Samkhya*
Caraka	der »Wanderer« oder »Späher«; einer der 3 berühmten ayurvedischen Ärzte des indischen Altertums, die den Ayurveda mitbegründeten
Caraka-Samhita	eines der drei medizinischen Standardwerke des Ayurveda *von Caraka*
Caya	»Ansammlung«; 1. Krankheitsstadium
Dhanvantari	»Meister der Chirurgie« oder »Herr des inneren Bogens«; in der indischen Mythologie ein Arzt der Götter, der Krankheiten und Dämonen bändigen konnte und ayurvedisches Wissen besaß
Dhatus	7 Gewebe im menschlichen Körper, die die Funktionen der verschiedenen Orga ne aufrechterhalten

Divodasa	»Diener« oder »Dämon des Himmels«, in der indischen Mythologie die Inkarnation von Dhanvantari als König von Benaresh
Doshas	manifeste Entsprechung der 3 *Gunas;* 3 bioenergetische Prinzipien, die im Körper lokalisiert sind und den Konstitutionstyp bestimmen; im Zustand der Gesundheit auch als *Dhatus* bezeichnet; *Vata, Pitta, Kapha*
Dravya	Substanz; Kategorie der Natur im *Vaisheshika*
Dukha	»Schmerz«; Krankheitsursaehe
Gunas	die drei geistigen Eigenschaften der menschlichen Natur: *Sattva, Rajas und Tamas;* auch Qualität von Nahrungs- und anderen Substanzen nach *Vaisheshika*
Indriya	Feld der Sinneserfahrung; Sinnesorgan
Jnanendriyas	die 5 feinstofflichen Sinne Hören, Füh len, Sehen, Schmecken und Riechen im *Samkhya*
Kapha	eines der 3 *Doshas;* Prinzip der statischen Energie, die dem Körper Halt verleiht
Karma	Tätigkeit
Karmendriyas	die 5 feinstofflichen Handlungsvermögen Sprechen, Greifen, Gehen, Entleeren und Zeugen im *Sainkhya*
kasaya	adstringent, herb, zusammenziehend; eines der 6 *Rasas*
katu	scharf, eines der 6 *Rasas*
Kledaka-Kapha	*Kapha* im Magen
Kshatriya	Angehöriger der zweiten oder Kriegerkaste
lavana	salzig; eines der 6 *Rasas*
madhura	süß; eines der 6 *Rasas*
Mahabhutas	die 5 grobstofflichen Elemente *Akasha, Vayu, Tejas, Apas* und *Prithivi* nach dem *Samkhya*

Mahat	»das große Prinzip«, *Buddhi*
Majja-Dhatu	Knochenmark und Nerven; eines der 7 *Dhatus*
Malas	die 3 Ausscheidungsprodukte des Körpers; Urin, Kot und Schweiß
Mamsa-Dhatu	Muskelgewebe; eines der 7 *Dhatus*
Manas	Intellekt, Verstand; Teil der menschlichen Psyche im *Samkhya*
Marmas	107 lebenswichtige Vitalpunkte im menschlichen Körper, deren Verletzung tödlich, lebensgefährhch oder sehr schmerzhaft ist
Medha-Dhatu	Fettgewebe; eines der 7 *Dhatus*
Nyaya	»Regel«, »Grundsatz« oder »Richtlinie«; philosophische Lehre über das richtige Denken, Folgern und Diskutieren, eine Art Logik, die in dem *Caraka-Samhita* Anwendung findet
Ojas	die Essenz aus den 7 Dhatus; Gesamtausstrahlung des Menschen und Fähigkeit, seine soziale Umwelt wahrzunehmen
Pacaka-Pitta	*Pitta* im Zwölffingerdarm
Pancakarma	Therapie, die 5 Methoden zur Reinigung des Körpers umfaßt
Patanjali	Begründer des *Yoga*
Pitta	eines der 3 *Doshas;* Verkörperung der Stoffwechselaktivitäten
Prabhava	spezifische Wirkung einer Substanz im Körper
Prajapati	»Herr der Geschöpfe«; in der indischen Mythologie die personifizierte Lebenskraft dessen, der die Welt erschaffen hat
Prakopa	2. Krankheitsstadium der Erregung
Prakriti	die Urmaterie in ihrem unmanifestierten Zustand, Teil des *Samkhya;* auch Konstitutionstyp des Menschen

Prana	vitale Lebenskraft, Atem
Prana-Vata	*Vata* in Kopf, Herz, Sinnesorganen und Atemtrakt
Pranayama	Atemübungen im *Yoga*
Prasara	3. Krankheitsstadium der Ausbreitung
Prithivi	Erde; eines der 5 grobstofflichen Elemen te im menschlichen Körper
Punarvasu	ein Schüler von *Bharadvaja,* der ayurvedisches Wissen erlangte
Purusha	»Mensch«; vgl. *Atman*
Rajas	einer der drei *Gunas;* das euergetische Prinzip; die sich selbst aktivierende Energie
Rakta-Dhatu	Blut; eines der 7 *Dhatus*
Ranjaka-Pitta	*Pitta* in Leber und Milz
Rasa	Geschmack (6 Richtungen)
Rasa-Dhatu	Blutplasma-, eines der 7 *Dhatus*
Rasayana	Therapie zur Verlängerung der Lebenser wartung und Steigerung der Energie
Rishi	Seher, Weiser
Rupa	»Form«; 5. Krankheitsstadium
Sadhaka-Pitta	*Pitta* in Herz und Hirn
Samana-Vata	*Vata* im Unterleib
Samhita	Sammelwerk, Sammlung, Enzyklopädie
Samkhya	abgeleitet von dem Wort für »Zahl«; eine evolutionäre Philosophie über die Entstehung der Welt, Grundlage des *Sushruta-Samhita*
Samsara	Kreislauf der Wiedergeburten
Sattva	einer der drei *Gunas,* »idealer Seinszustand«, »Vollkommenheit« oder »makel lose Klarheit«; bezeichnet die Intelligenz, die Reflexion oder das Selbstbewußtsein
Shalya- Tantra	»Lehre vom Pfeil« oder Chirurgie, die von *Sushruta ent*wickelt wurde
Sharira	Körper

Shlesaka-Kapha	*Kapha* in den Gelenken
Shloka	Vers
Shrotas	Kanäle des menschlichen Körpers, die den Stoffwechsel inden *Dhatus* aufrechterhalten
Shukra-Dhatu	Fortpflanzungsgewebe, eines der 7 *Dhatus*
Sthana-Samshraya	»Etablierung der Störung«; 4. Krankheitsstadium
Sushruta	möglicherweise einer der ayurvedischen Ärzte des indi schen Altertums, die den Ayurveda mitbegründeten
Sushruta-Samhita	eines der drei medizinischen Standard werke des Ayurveda von *Sushruta*
Tamas	einer der drei *Gunas;* »Dunkelheit«; Trägheit oder Widerstand der Materie
Tanmatras	die 5 feinstofflichen Grundelemente, die den 5 Sinnen entsprechen: Laut, Tastwelt, Form, Geschmack, Geruch
Tarpaka-Kapha	*Kapha* im Kopf
Tejas	Feuer; eines der 5 grobstofflichen Elemente im menschlichen Körper; vgl. *Agni*
tikta	bitter; eines der 6 *Rasas*
Tridhatus	*vgl. Dhatus*
Tridoshas	die 3 *Doshas*
Trigunas	die 3 *Gunas*
Udana-Vata	*Vata* zwischen Brustkorb und Hals
Vagbhata	einer der 3 berühmten ayurvedischen Ärz te des indischen Altertums, die den Ayurveda mitbegründeten
Vaisheshika	»Lehre vom Unterschied«; eine atomistische Naturphilosophie, die in dem *Caraka-Samhita* verwendet wird
Vajikarana	Therapie zur Stärkung des Körpers
Vata	eines der 3 *Doshas-,* Verkörperung der dynamischen Kraft

Vayu	Wind; eines der 5 grobstofflichen Elemente im menschlichen Körper, auch in der Bedeutung von *Vata*
Veda	ältestes Werk der indischen Literatur und der indoeuropäischeu Kultur, das unter anderem medizinisches Wissen enthält; besteht aus *Rig-Veda, Atharva-Veda, Yajur-Veda und Sama-Veda*
Vedanta	Interpretation des *Veda;* eine Philosophie, die den medizinischen Standardwerken des Ayurveda zugrunde liegt
Vipak	Wirkung der Nahrung nach der Verdauung
Virya	Hitze oder Kälte, die eine Nahrungssubstanz im Körper hervorruft
Vishvamitra	König des indischen Altertums, möglicherweise Vater von *Sushruta*
Vyana-Vata	*Vata* im Herzen
Vyakta	»Manifestation«; 5. Krankheitsstadium
Yoga	indische Philosophie, die die Technik vermittelt, um zu Atman zu gelangen

Kommentierte Literaturauswahl und Adressen

Literatur zu Ayurveda, Yoga und Transzendentaler Meditation

Von dem Arzt Dr. Chopra, der Ayurveda im Westen bekanntgemacht hat, sind folgende Bücher in deutscher Sprache erschienen:

Chopra, Deepak: Die heilende Kraft. Ayurveda, das altindische Wissen vom Leben, und die modernen Naturwissenschaften. Bergisch Gladbach, 3. Auflage 1992.

In diesem Buch befaßt sich Dr. Chopra mit der Verbindung zwischen Ayurveda und Naturwissenschaft, insbesondere der Ouantenmechanik. Er führt den Begriff »Quantenheilung« ein, worunter er die Fähigkeit einer Bewußtseinsform (wie des Geistes) versteht, spontan die Fehler einer anderen Bewußtseinsform (wie des Körpers) zu korrigieren.

Chopra, Deepak: Ayur eda. Gesundsein aus eigener Kraft. Mit Ayurveda zu neuem Denken über Krankheit und Gesundheit. München, 1994.

In diesem Buch behandelt Dr. Chopra verschiedene Krankheiten wie z. B. Krebs, Schlaflosigkeit und Depressionen; er untersucht die Beziehung der Krankheiten zur geistigen Einstellung und geht auf die Meditation ein.

Chopra, Deepak: Die Rückkehr des Rishi. Ein Arzt auf der Suche nach dem, was uns letztendlich heilt. Paderborn, 1990.

Das Buch erzählt die Geschichte der Entwicklung Chopras vom Schulmediziner abendländischer Prägung zum Ayurveda-Arzt (vom Saulus zum Paulus), und zwar autobiographisch, humorvoll und scharfsinnig. Er berichtet auch über seine Begegnungen mit Maharishi Mahesh Yogi.

Chopra, Deepak: Die Körper-Seele. Grundlagen und praktische Übungen der Ayurveda-Medizin. Bergisch Gladbach, 1991. Das Buch enthält u. a. einen Test, anhand dessen man selbst überprüfen kann, zu welchem Konstitutionstyp man gehört.

Chopra, Deepak: Endlich erholsam schlafen. Berg. Gladbach 1995

Ein Ayurveda-Ratgeber für Schlafprobleme, mit einem individuellen Heilungsprogramm für jeden Persönlichkeitstyp.

Chopra, Deepak: Die Körperzeit. Mit Ayurveda: Jung werden, ein Leben lang. Berg. Gladbach 1994 Das Buch befaßt sich ausgiebig mit dem Prozeß des Alterns und wie man ihn besiegt.

Chopra, Deepak: Die unendliche Kraft in uns,- Energien jenseits der persönlichen Grenzen aktivieren. München 1994

Chopra, Deepak: Dein Heilgeheimnis. Das Schlüsselbuch zu Wohlstand und Überfluß. München 1994.

Allgemeine Werke zum Ayurveda sind:

Ayurveda - eine Einführung. *Mitteiliingsblätter der Deutschen MERU-Gesellschaft,* Ausgabe 12, Dezember 1986.

In diesem Heft werden nach einer Einführung in die Grundkonzepte wissenschaftliche Forschungsergebnisse über Ayurveda referiert.

Von Brasch, Ekkehard H.: Das psychosomatische Konzept der altindischen Medizin Ayur eda. Inaugural-Dissertation. Würzburg 1981.

Dies ist die erste (medizinische) Doktorarbeit über Ayurveda, die aufgrund ihrer Verständlichkeit auch für Laien empfehlenswert ist.

Heyn, Birgit.- Die sanfte Kraft der indischen Naturheilkunst. Die Wissenschaft vom langen Leben. München, 1992. Die Autorin betont besonders die Beziehung zwischen Mensch und Pflanze.

Von Keudell, Theodor.- das neue Ayur eda-Gesundheitsbuch. Alles über die älteste Naturheil- und Lebenskunde der Welt. Mit Ratschlägen zur Selbstbehandlung und zur Zubereitung der Heilmittel. München,1994.

Lad, Vasant.- Das Ayurweda-Heilbuch. Eine praktische Anleitung zur Selbst-Diagnose, -Therapie und Heilung mit dem ayurwedischen System. Durach, 3. Auflage, 1988.

Das Buch ist besonders aufgrund seiner vielen Abbildungen empfehlenswert.

Mechsner, FranzIDilip Metha: Ayurveda. Heilung auf uralte Weise. in: *GEOmagazin,* Nr. 2/Februar 1990, S. 12-34. Hamburg: Gruner + Jahr.

Dieser Artikel ist eine Fotoreportage, die anhand vieler interessanter und beeindruckender Bilder veranschaulicht, wie Ayurveda noch heute in Indien praktiziert wird.

Schrott, Ernst.- Ayur eda für jeden Tag. Die sanfte Heilweise für vollkommene Gesundheit und Wohlbefinden. Das Praxisbuch für jedermann. München 1994. Ein umfassendes Kompendium, das auch ein Behandlungsteil, Empfehlungen zur Ernährung und Körperpflege, Rezepte, ein Fastenprogramm und einfache Anwendungen für jeden Tag enthält.

Thakkur, Chandrasekhar G.: Das ist Ayur eda - Die indische Heil- und Lebenskunst. Die Weisheit altindischer Medizin, nutzbar gemacht für den Menschen des Westens. Freiburg i. Br.: 4. Auflage, 1994 In diesem Buch finden sich viele übersetzte Zitate aus den Werken von *Sushruta, Caraka* und anderen Ayurveda-Ärzten.

Verma, Vino& Ayur eda. Der sanfte Weg. Braunschweig 1994.

Das Buch befaßt sich mit Ayurveda im Alltag unter den Schwerpunkten Ernährung, Sexualität und Heilung.

Zu speziellen Gesichtspunkten des Ayurveda sind die folgenden Bücher lesenswert:

Gottwald, Franz-Theo/Wolfgang Howald: Ayur eda im Business. Gesundheitstraining für Körper, Persönlichkeit und Unternehmen. München, 1992.

Eine Einführung in den Ayurveda, die speziell auf die Bedürfnisse von Geschäftsleuten abgestimmt ist, aber darüber hinaus auch für allgemein interessierte Leser viele praktische Übungen, u. a. Yogaübungen, enthält.

Hosbach, Ellen: Ayurweda wirkt natiirlich. Maharishi Ayur-Veda, die wirkungsvolle Orientierung für ein besseres und gesünderes Leben. Aitrang, 1990.

Dieses kleine Bändchen geht unter anderem auf das Ayurveda-Mutter-Kind-Programm ein, auf einfache Yoga-Körperübungen und auf praktische Alltagsempfehlungen.

Johari, Harish: Die sanfte Kraft der edlen Steine. Ein Handbuch für die Anwendung und den Umgang mit Edelsteinen und ihre Bedeutung in Astrologie, Ayurweda und Tantra. Durach, 1988.

Das Buch behandelt schwerpunktmäßig die Edelsteintherapie.

Lad, Vasant/Da id Frawley: Die Ayurweda Pflanzen-Heilkunde. Das Yoga der Kräuter. Anwendung und Rezepte ayurwedischer Pflanzenheilmittel. Haldenwang, 1987.

Wie der Titel schon sagt, befaßt sich das Buch insbesondere mit der Heilpflanzentherapie.

Lonsdorf, Nancy/Butler, Veronika/Brown, Melanie: Ayur eda.fiir Frauen. Gesundheit, Glück und langes Leben durch indische Medizin. München, 1994.

Ros, Frank: Geheimnisse ayur edischer Akupunktur. Aitrang 1994.

Wallnöfer, Heinrich: Ayur eda. Wissen vom langen Leben. Bielefeld, 1993.

Dieses Werk ist der Art und Weise gewidmet, wie die Ärzte im alten Indien Krankheiten heilten, welche Medikamente sie benutzten, wie sie Operationen durchführten und welche Instrumente sie dabei verwendeten.

Wallace, Rober Keith: The Physiology of Consciousness. How Maharishi's Vedic Physiology and Its Pracitical Application, Maharishi Ayur-Ved, can Solve the Problems of Individual and Collective Health and Raise Life to a New Level of Fullfillment. Fairfield 1993.

Unter Einbeziehung eines sehr umfassenden Blickwinkels, der neben Ayurveda auch medizinische Untersuchungsergebnisse und Bewußtsein einschließt, wird Ayurveda hier eingeordnet in das gesamte vedische Wissen sowie seine vielfältigen Auswirkungen auf den Menschen und die Gesellschaft - leider bisher nur in englischer Sprache verfügbar.

Wolz-Gottwald, Eckard: Heilung aus der Ganzheit. Ayurveda als Philosophie in der Praxis. Gladenbach 1991.

Der Verfasser befaßt sich eingehend mit der Ayurveda-Philosophie und zieht Parallelen zur westlichen Philosophie, Religion und Psychologie.

Zum Thema Ayurveda und Körper sind folgende Bücher erschienen:

Bruner, Uschi/Hanewald, Ruth: Yoga und Ayur eda. Sinnlich und Körperbewußt erleben. Düsseldorf 1994. Das Werk enthält viel praktische Körperübungen und stärkt das natürliche Körperempfinden.

Heinke, Dagmar: Schlank undfit durch Ayur eda. Gesund, aktiv und schlank ohne Hungern. Mit Ayurveda körperliches und seelisches Gleichgewicht stärken. München 1995.

Sachs, Melanie: Ayur eda natürlich schön und gesund.

Aitrang 1995.

Das Buch enthält praktische Anleitungen zur Entfaltung der Gesundheit und Schönheit sowie eine ayurvedische Verjüngungstherapie.

Informationen über eine ayurvedische Ernährungsweise sowie Kochrezepte sind in folgenden Werken zu finden:

Duchow-Klötzing, Ellinor.- Du bist, was du ißt. Durch Ayurveda und Yoga zu einem gesunden, erfüllten und langen Leben. München 1992.

Johari, Harish: Das Ayurweda Kochbuch. Köstliche vegetarische Rezepte für Körper, Seele und Geist. Aitrang, 1992.

Johari, Harish: Grundlagen ayurwedischer Kochkunst. Die Philosophie und Praxis der vegetarischen Küche Indiens. Durach, 1988.

Morningstar, Amadea/Deasi, Urmila: Die Ayur eda-Küche. Eine harmonische Ernährungsweise zur Stärkung des Energiesystems. München 1992.

Schrott, Ernst.- Die köstliche Kiiche des Ayur eda.

Essen mit Leib und Seele. München 1995

Besonders originell sind die Werke von

Lobo, Rocque: Ayur eda. Besser leben im Rhythmus

der Zeit. Zürich/Chur, 1987.

Lobo, Rocque: Traum und Karma im Ayur eda, Phi-

losophie und Praxis. München, 1990.

Lobo setzt sich insbesondere mit den Unterschieden zwischen der medizinischen Sichtweise *Sushrutas* und *Carakas* auseinander und unternimmt eigene Versuche, um einige ayurvedische Thesen wissenschaftlich-experimentell zu beweisen. Sein Ziel ist, Ayurveda in die westliche Medizin zu integrieren. Er interpretiert insbesondere das Zeiterleben als Krankheitsfaktor.

Monte, Tom: Die fiinf Wege der Heilung. Chinesische Medizin, Ayurveda, westliche Schulmedizin, Homöopathie und Naturheilkunde. München 1995.

Hier wird Ayurveda mit anderen bekannten Heilmethoden verglichen.

Wer sich mit der indischen Philosophie auseinandersetzen möchte, dem seien folgende »Klassiker« empfohlen:

von Glasenapp, Helmuth: Die Philosophie der Inder. Eine Einführung in ihre Geschichte und ihre Lehren. Stuttgart, 4. Auflage, 1985.

Schweitzer, Albert.- Die Weltanschauung der indischen Denker. Mystik und Ethik. München, 1987.

Zimmer, Heinrich: Philosophie und Religion Indiens. Frankfurt a. M., 6. Auflage, 1988.

Zwar nicht speziell mit Ayurveda, aber dafür mit einem neuen Konzept für die künftige Medizin und mit der Beziehung von Krankheiten zu der Erlebnisweise von Zeit und Raum befaßt sich das Werk:

Dossey, Larry: Die Medizin von Zeit und Raum. Ein Gesundheitsmodell. Reinbek bei Hamburg, 1987.

Aus der unendlichen Fülle von Literatur zum Yoga seien folgende Werke empfohlen:

Aurobindo, Sri: Der integrale Yoga. Reinbek bei Hamburg, 1989.

Hartmann, Franz: Was ist Yoga? Calw, 1967.

Krishna, Gopo: Die neue Dimension des Yoga. Kundalini und Naturwissenschaft. Frankfurt a. M., 1989.

Krishna, Gopi: Über Bewußtseinserweiterung, Meditation und Yoga. Illusion, Selbsttäuschung, Wirklichkeit. Die Erwekkung der Kundalini. Calw, 1986.

Mühlhand, Gisela: Glück, Erfolg, Gesundheit durch Yoga. Die besten Körperübungen, richtig atmen und entspannen, die inneren Kräfte aktivieren. München, 1990.

Patanjali: Die Wurzeln des Yoga. München/Bern, 7. Auflage, 1993.

Aus der gleichfalls reichhaltigen Literatur zur Transzendentalen Meditation sind folgende Werke lesenswert:

Anderson, Jim/Bill Stevens: Transzendentale Meditation. Das ist es! Hamburg, 2. Auflage 1989.

Aron, Elaine/Arthur: Der Maharishi-Effekt. Auf der Suche nach dem gesellschaftlichen und politischen Einfluß von Gruppenmeditation. München, 1991.

Das Buch thematisiert die im letzten Kapitel angesprochene »Fernwirkung« der TM und ihre gesellschaftlichen Auswirkungen anhand vieler auf der ganzen Welt durchgeführter Versuche.

Gottwald, Franz-Theo/Wolfgang Howald: Selbsthilfe durch Meditation. Gesundheit und Persönlichkeitsentfaltung durch Tiefenentspannung. München: 4. Auflage, 1992.

Das Buch faßt in sehr verständlicher Weise die positiven Ergebnisse der TM u. a. in den Bereichen Gesundheit, Angstbewältigung, Selbstverwirklichung und Kreativität zusammen, wobei es sich auf wissenschaftliche Ergebnisse stützt und zum Vergleich auch andere Meditationsformen erörtert werden.

Kniffki, Christa: Transzendentale Meditation und Autogenes Training. Frankfurt a. M., 1978.

In diesem Buch stellt die Autorin in sehr wissenschaftlicher und daher für den Laien nicht immer leicht verständlicher Form Experimente vor, die sie zum Vergleich zwischen der Wirkungsweise Transzendentaler Meditation und Autogenen Trainings durchgeführt hat. Dabei erwies sich - bei kurzzeitiger Anwendung- das Autogene Training erfolgreicher u. a. in den Bereichen emotionale Belastbarkeit, Selbstsicherheit sowie Durchsetzungsfähigkeit und die TM u. a. in den Bereichen Bewältigung von Depressivität, psychosomatische Stabilität sowie ebenfalls Selbstsicherheit. Ein wichtiger Unterschied zwischen beiden Methoden besteht darin, daß die TM absolut voraussetzungslos ist, während das Autogene Training nicht in jedem Falle praktiziert werden kann.

Karl-Heinz Hanusch

Heilpraktiker und Gesundheitsökonom (ebs)

Dozent der Wormser Akademie für Medizin
und reformierte Heilweisen e. V.

Vom Autor bereits erfolgreich erschienene Bücher:

Hanuschs Gesundheitsratgeber

Magnetfeldtherapie
Schmerzen lindern natürlich und ohne Nebenwirkungen
Jopp/Oesch Verlag, Zürich, ISBN 3-926955-32-5
18. Auflage 2000

Softlasertherapie
Schmerzen sanft und schnell lindern
Jopp/Oesch Verlag, Zürich, ISBN 3-926955-80-5
3. Auflage

Immuntherapie
Fit durch Naturheilverfahren
Jopp/Oesch Verlag, Zürich, ISBN 3-89698-144-7, 2001

Sauerstoff ist Leben
Die Oxynenierungstherapie nach Dr. med H. Regelsberger
Mesona Verlag, Wiesbaden, ISBN 3-934224-11-3, 2002

Praxispezialitäten nach eigenen Rezepturen gem. §38 I,3.S. AMG (Arzneimittelgesetz) von Heilpraktiker Karl-Heinz-Hanusch - Inwerweg 8 a - D 65191 Wiesbaden Tel: 0049-(0)611-561323 - Fax: 0049-(0)611-9570808

Hanuplex Nr. 100 N - Enzympulver Dose mit 500 g (3x1 Tl. v.d. Essen)
Hanuplex Nr. 112 - Entsäuerung Dose mit 75 g (3x1 Tl. n.d. Essen)
Hanuplex Nr. 199 - Darmflora Dose mit 75 g (3x1 Tl. v.d. Essen)
Hanuplex Nr. 200 - Aminosäuremischung Dose 50 g (3x1 Dosierl. v.d. Essen)
Hanuplex Nr. 202 - Antipilzmittel Dose 50 g (3x1 Dosierl. v.d. Essen)
Hanuplex Nr. 251 - Aufbaumittel (Glutathion) Ds. 50 g (3x1 Dsrl. v.d. Essen)
Hanuplex Nr. 389 - Wirbelsäulensyndrom Ds. 50 g (3x1 Tl. v.d. Essen)
Hanuplex Nr. 615 - Antirauchermischung Ds. 50 g (4x1 Dsrl. v.d. Essen)
Hanuplex Nr. 913 - Bauchspeicheldrüse Ds. 50 g (3x1 Dosierl. v.d. Essen)

Über jede Apotheke Ihres Vertrauens zu bestellen bei:

Pharma WARKENTIN, Essen
Tel.: 0201- 6958007
Fax: 0201-604341

Hanuplex Nr. 1 - Schlaftropfen 100 ml (abends 40 Tr. in Wasser)
Hanuplex Nr. 2 - Leistungssteigerung 100 ml (3x30 Tr. i. W.)
Hanuplex Nr. 3 - WS+Gelenkschmerzen. Nur zum Einreiben!
Hanuplex Nr. 4 - Gurgelmittel 100 ml nach jedem Essen
Hanuplex Nr. 5 - Depressionen 100 ml (3x25 Tr. i. W.)
Hanuplex Nr. 6 - Amalgamausleitung I, 100 ml (3x25 Tr. i. W.)
Hanuplex Nr. 7 - Amalgamausleitung II, 100 ml (3x25 Tr. i. W.)
Hanuplex Nr. 8 - Schmerzmittel 100 ml (bei Bedarf 25 Tr. i. W.)
Hanuplex K 551 - Mineral-Vit.-Kps. (3x1 Kps. n.d. Essen)

Über jede Apotheke Ihres Vertrauens zu bestellen bei:

Hofamnn & Sommer GmbH & CO KG
Lindenstr. 11 D-07426 Königsee
Tel.: 036738-42762
Fax: 036738-42798

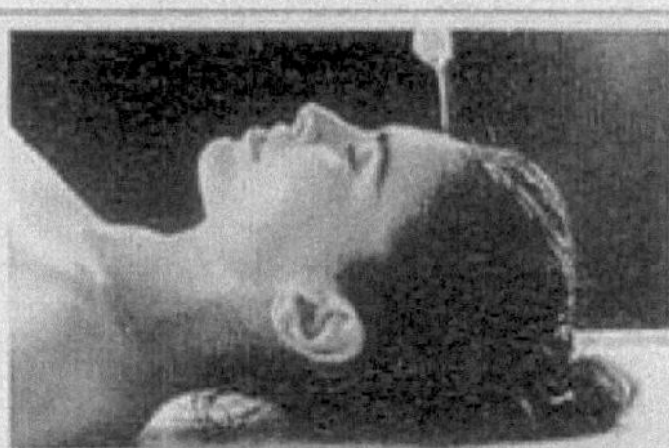

Zentrum für Naturheilkunde
Aus- & Fortbildungszentrum für
Naturheilkunde - Ernährung - Psychologie
Reinhold Thoma, Hirtenstraße 26, 80335 München
direkt am Hauptbahnhof, im ruhigen Innenhof
Ausbildungszentrum für
Heilpraktiker
Ernährungsberater
Trad. Naturheilkunde
Klassische Homöopathie
Astrologie + Astromedizin
Trad. Chinesische Medizin
Psychologie / Psychotherapie
Kräuterheilkunde + Phytotherapie
Voice Dialogue
Seminare + Vorträge in
Naturheilkunde
Ernährung
Psychologie
u.v.m.
Ausbildung zum
Heilpraktiker
Fordern Sie unsere Prospekte an oder kommen Sie einfach vorbei!
Tel: 089 / 545 931 -0 Fax: 089 / 545 931-99
e-mail: office@zfn.de http://www.zfn.de

Europas naturheilkundliches Ausbildungsinstitut Nr. 1 für die Berufsziele:
Heilpraktiker/in
Psychologische/r Berater/in
mit staatl. Zulassung zur Psychotherapie
Managementtrainer/in
Tierheilpraktiker/in
Offene Seminare und Kurse
für alle Interessierten, z.B. Bachblüten, Fußreflexzonenmassage, Reiki, Homöopathie, Autogenes Training, Hypnose, NLP, Augendiagnose, Kinesiologie u.a.
Ihre Ausbildung bei paracelsus führt Sie sicher ans Ziel
Deutsche Paracelsus Schulen
für Naturheilverfahren GmbH
Zentrale: Simmerner Str. 75 • 56075 Koblenz
Tel: 02 61-9 52 52 0 • Fax 02 61-9 52 52 33
Internet: www.paracelsus.de
Zentrales Info-Telefon: täglich 9 - 19 Uhr:
01 80 - 3 21 82 19
• Seit 25 Jahren Ihr kompetenter Ausbildungspartner
• im Vollzeit- oder Teilzeitstudium
• bis zu 1800 U-Std.
• mit Lehrvideothek
• praxisorientiertes Arbeiten
• Lehrpraxis im Haus
• Fachausbildung: Kinderheilkunde Sportheilkunde
Über 65 Studienorte!

Mahindra Kuren & Ausbildungen
Ayurveda
Umfangreiches Angebot an berufsbegleitenden Ausbildungen und Seminaren mit international bekannten Ärzten & Dozenten. Themenbereiche: Ayurvedische Ernährung, Ayurveda-Massage und ayurvedische Kosmetik Qualifiziert · praxisorientiert · ganzheitlich
Ayurveda Akademie: Fachausbildung in traditioneller indischer Medizin für Mediziner und Therapeuten, 2-Jahre berufsbegleitend
Ayurveda-Kuren: fünf Tage Regeneration mit erfahrenen Therapeuten in persönlicher Atmosphäre im Naturparadies Vogelsberg
NEU Panchakarma-Instensiv-Kur mit Dr. S.N. Gupta (ayur MD.)
Fordern Sie jetzt unser kostenloses Gesamtprogramm 2001 an.
Mahindra-Institut
The European Academy of Ayurveda
www.mahindra-institut.de
63633 Birstein
Forsthausstraße
06054 - 91 310
Angebote in der Schweiz:
CH 8032 Zürich
Hofstraße 53
Tel 01 – 260 70 70
Fax 01 – 260 70 71